「主体的に学習に取り組む態度」の学習評価完全ガイドブック

中学校 技術・家庭 家庭分野

杉山 久仁子・筒井 恭子・鈴木 明子 編著

明治図書

はじめに

今回の学習指導要領の改訂では，各教科等の目標及び内容が，育成を目指す資質・能力の三つの柱（「知識及び技能」，「思考力，判断力，表現力等」，「学びに向かう力，人間性等」）で整理されたことを踏まえ，観点別学習状況の評価の観点は，「知識・技能」，「思考・判断・表現」，「主体的に学習に取り組む態度」の三つに整理されています。中学校では2021年度から学習指導要領が全面実施となっており，各学校においては，「主体的・対話的で深い学び」の視点から授業が実施されるとともに，新しい学習評価のもとで，先生方が生徒の学習状況を的確に捉え，評価の結果を次の指導に生かす取組が行われています。

しかしながら，家庭分野を教える先生方からは，三つの観点のうち，特に「主体的に学習に取り組む態度」の評価は難しい，もっと学びたいという要望が多く寄せられました。そこで，「主体的に学習に取り組む態度」の評価の工夫や他の観点との違いを，事例と共にわかりやすく解説したガイドブックを作成することになり，今回は元文部科学省初等中等教育局教育課程課教科調査官の筒井恭子先生に編著者として加わっていただきました。

第１章は理論編として，新しい学習評価の内容，家庭分野で育成する資質・能力と学習評価の関係に加え，家庭分野における授業改善と「主体的に学習に取り組む態度」の評価についてまとめています。第２章は事例編として，各地の先生方にご協力いただき10のモデル事例を紹介しています。事例の中では，「主体的に学習に取り組む態度」の学習評価に重点を置いて，ワークシートやポートフォリオ等の評価方法と共に，生徒の具体的な記述例を示しています。

本書が、家庭分野の先生方の今後の指導と評価の一助となり，より充実した授業が実現されることを願っております。

2023年５月

杉山　久仁子・鈴木　明子

Contents

第2章 「主体的に学習に取り組む態度」の学習評価の具体例

第１章

中学校技術・家庭　家庭分野
「主体的に学習に
取り組む態度」の
学習評価のポイント

1 3観点による家庭分野の学習評価

1 指導と評価はどう変わったのか

❶ 学習評価の改善の基本的な考え方

(1)学習評価の改善の趣旨

平成29年改訂小・中学校学習指導要領総則においては，学習評価の充実のために，学習評価の目的等について以下のように示されました。そこでは，単元や題材など内容や時間のまとまりを見通しながら，児童生徒の主体的・対話的で深い学びの実現に向けた授業改善を行うこと，同時に，評価の場面や方法を工夫して，学習の過程や成果を評価することが示されており，授業の改善と評価の改善を両輪として行っていくことの必要性が明示されました。

- 生徒のよい点や進歩の状況などを積極的に評価し，学習したことの意義や価値を実感できるようにすること。また，各教科等の目標の実現に向けた学習状況を把握する観点から，単元や題材など内容や時間のまとまりを見通しながら評価の場面や方法を工夫して，学習の過程や成果を評価し，指導の改善や学習意欲の向上を図り，資質・能力の育成に生かすようにすること。
- 創意工夫の中で学習評価の妥当性や信頼性が高められるよう，組織的かつ計画的な取組を推進するとともに，学年や学校段階を越えて生徒の学習の成果が円滑に接続されるように工夫すること。

（「中学校学習指導要領」第１章総則　第３教育課程の実施と学習評価　２学習評価の充実）

学習評価は，学校における教育活動に関わる，生徒の学習状況を評価するものです。「生徒にどういった力が身に付いたか」という学習の成果を的確に捉え，教師が指導の改善を図るとともに，生徒自身が自らの学習を振り返って次の学習に向かうことができるようにするためにも，学習評価の在り方は重要であり，教育課程や学習・指導方法の改善と一貫性のある取組を進めることが求められます。

(2)カリキュラム・マネジメントの一環としての指導と評価

各学校における教育活動の多くは，学習指導要領等に従って，生徒や地域の実態を踏まえて編成された教育課程のもと，指導計画に基づく授業（学習指導）として展開されます。各学校では，生徒の学習状況を評価し，その結果は，生徒の学習や教師による指導の改善や学校全体としての教育課程の改善等に生かされ，学校全体として組織的かつ計画的に教育活動の質の向上を図っています。このように，「学習指導」と「学習評価」は学校の教育活動の根幹に当たり，教育課程に基づいて組織的かつ計画的に教育活動の質の向上を図る「カリキュラム・マネジメント」の中核的な役割を担っています。

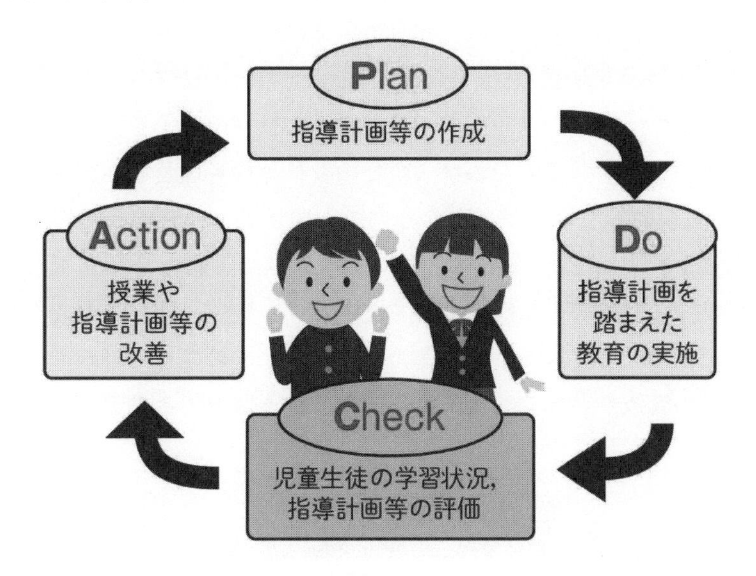

図1　カリキュラム・マネジメントの一環としての指導と評価[1]

⑶主体的・対話的で深い学びの視点からの授業改善と評価

指導と評価の一体化を図るためには，生徒一人一人の学習の成立を促すための評価という視点を一層重視することによって，教師が自らの指導のねらいに応じて授業の中での生徒の学びを振り返り，学習や指導の改善に生かしていくというサイクルが大切です。平成29年改訂学習指導要領で重視している「主体的・対話的で深い学び」の視点からの授業改善を通して，各教科等における資質・能力を確実に育成するために，学習評価は重要な役割を担っています。「主体的に学習に取り組む態度」の評価も，この授業改善を図る中で行うことが重要です。

⑷学習評価の改善の基本的な方向性

これまで述べたとおり，学習指導要領改訂の趣旨を実現するためには，学習評価の在り方が極めて重要であり，学習評価を真に意味のあるものとし，指導と評価の一体化を実現することがますます求められています。このため，次のように学習評価の改善の基本的な三つの方向性が示されました。

①　児童生徒の学習改善につながるものにしていくこと
②　教師の指導改善につながるものにしていくこと
③　これまで慣行として行われてきたことでも，必要性・妥当性が認められないものは見直していくこと

❷ 評価の基本構造

⑴平成29年改訂を受けた評価の観点の整理

平成29年改訂学習指導要領においては，知・徳・体にわたる「生きる力」を生徒に育むことを続けて重視する方向が示されました。したがって「何のために学ぶのか」という各教科等を学ぶ意義を共有しながら，授業の創意工夫や教科書等の教材の改善を引き出していくことができることが求められています。そのために，全ての教科等の目標及び内容を「知識及び技能」,「思考力，判断力，表現力等」,「学びに向かう力，人間性等」の育成を目指す資質・能力の三つの柱で再整理しました（図２）。知・徳・体のバランスのとれた「生きる力」を育むことを目指すに当たっては，各教科等の指導を通してどのような資質・能力の育成を目指すのかを明確にしながら教育活動の充実を図ること，その際には，生徒の発達の段階や特性を踏まえ，資質・能力の三つの柱の育成がバランスよく実現できるよう留意する必要があります。

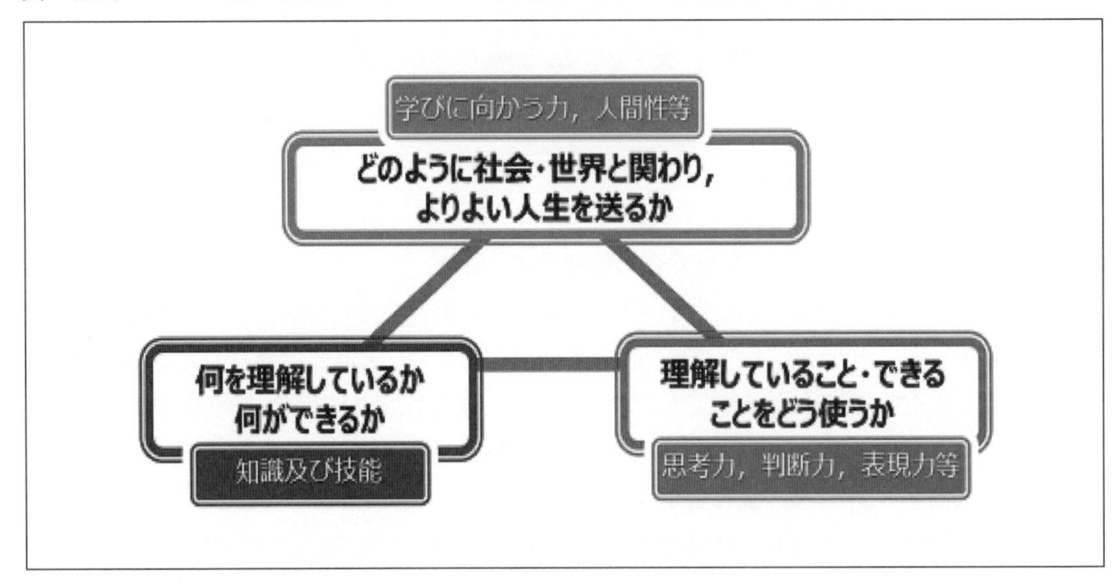

図2　資質・能力の三つの柱[2]

観点別学習状況の評価については，こうした教育目標や内容の再整理を踏まえて，小・中・高等学校の各教科を通じて，４観点から３観点に整理されました（図３）。

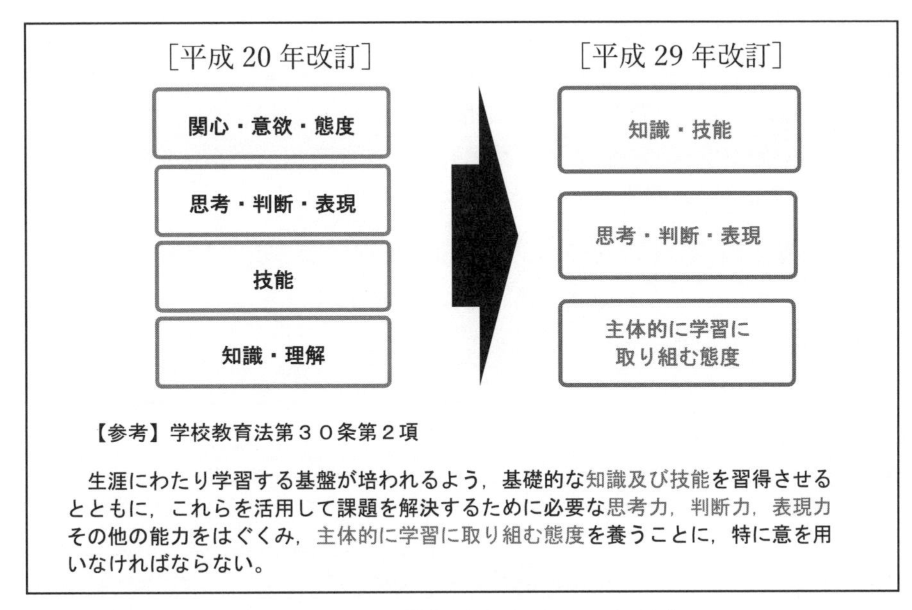

図３　観点別学習状況の評価における３観点[3]

(2)平成29年改訂学習指導要領における各教科の学習評価

平成29年改訂では，各教科の学習評価は，学習状況を分析的に捉える「観点別学習状況の評価」と，これらを総括的に捉える「評定」の両方について学習指導要領に定める目標に準拠した評価として実施するものとされました。改善等通知では，次のように示されています。

【中学校生徒指導要録】［各教科の学習の記録］

Ⅰ　観点別学習状況

学習指導要領に示す各教科の目標に照らして，その実現状況を観点ごとに評価し記入する。その際，「十分満足できる」状況と判断されるもの：A「おおむね満足できる」状況と判断されるもの：B「努力を要する」状況と判断されるもの：C　のように区別して評価を記入する。

Ⅱ　評定

各教科の評定は，学習指導要領に示す各教科の目標に照らして，その実現状況を，「十分満足できるもののうち，特に程度が高い」状況と判断されるもの：５　「十分満足できる」状況と判断されるもの：４　「おおむね満足できる」状況と判断されるもの：３　「努力を要する」状況と判断されるもの：２　「一層努力を要する」状況と判断されるもの：１のように区別して評価を記入する。評定は各教科の学習の状況を総括的に評価するものであり，「観点別学習状況」において掲げられた観点は，分析的な評価を行うものとして，各教科の評定を行う場合において基本的な要素となるものであることに十分留意する。その際，評定の適切な決定方法等については，各学校において定める。

また，観点別学習状況の評価や評定には示しきれない生徒一人一人のよい点や可能性，進歩の状況については，「個人内評価」として実施するものとされています。改善等通知においては，「観点別学習状況の評価になじまず個人内評価の対象となるものについては，生徒が学習したことの意義や価値を実感できるよう，日々の教育活動等の中で生徒に伝えることが重要であること。特に『学びに向かう力，人間性等』のうち『感性や思いやり』など生徒一人一人のよい点や可能性，進歩の状況などを積極的に評価し生徒に伝えることが重要であること。」と示されています。これらの改訂を受けた評価の観点の整理を踏まえて，各教科における評価の基本構造を図示化すると，次のとおりになります（図４）。

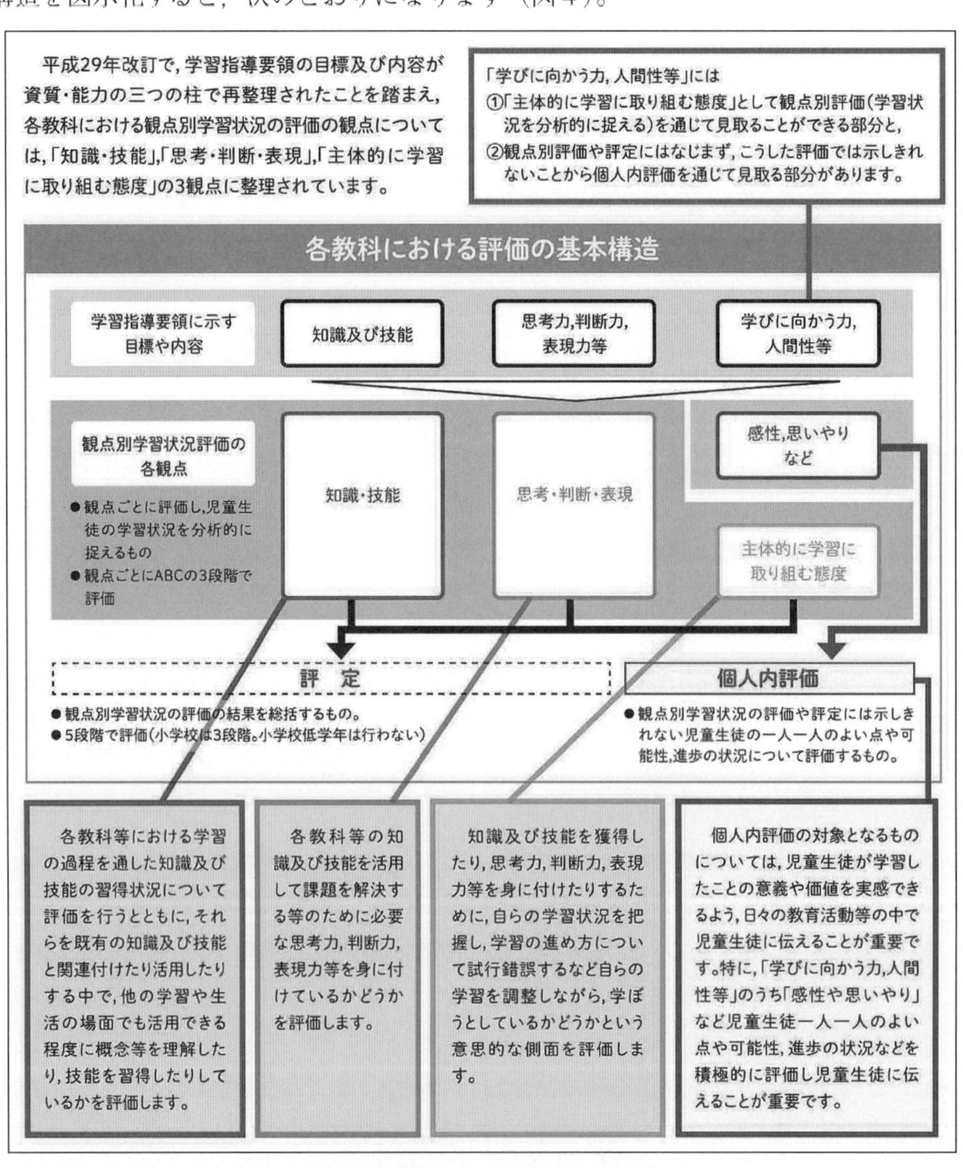

図４　各教科における評価の基本構造[4]

❸ 観点別学習状況の評価

図4の「各教科における評価の基本構造」を踏まえた3観点の評価それぞれについての考え方について，次に示します。

⑴「知識・技能」の評価の考え方と方法

「知識・技能」の評価は，各教科等における学習の過程を通した知識及び技能の習得状況について評価を行うとともに，それらを既有の知識及び技能と関連付けたり活用したりする中で，他の学習や生活の場面でも活用できる程度に概念等を理解したり，技能を習得したりしているかについても評価するものです。

「知識・技能」におけるこのような考え方は，従前の「知識・理解」（各教科等において習得すべき知識や重要な概念等を理解しているかを評価），「技能」（各教科等において習得すべき技能を身に付けているかを評価）においても重視してきました。

具体的な評価の方法としては，ペーパーテストにおいて，事実的な知識の習得を問う問題と，知識の概念的な理解を問う問題とのバランスに配慮するなどの工夫改善を図るとともに，例えば，生徒が文章による説明をしたり，各教科等の内容の特質に応じて，観察・実験したり，式やグラフで表現したりするなど，実際に知識や技能を用いる場面を設けるなどして，多様な方法を適切に取り入れていくことが考えられます。

⑵「思考・判断・表現」の評価の考え方と方法

「思考・判断・表現」の評価は，各教科等の知識及び技能を活用して課題を解決する等のために必要な思考力，判断力，表現力等を身に付けているかを評価するものです。「思考・判断・表現」におけるこのような考え方は，従前の「思考・判断・表現」の観点においても重視してきたものです。

「思考・判断・表現」を評価するためには，教師は「主体的・対話的で深い学び」の視点からの授業改善を通じ，生徒が思考・判断・表現する場面を効果的に設計した上で，指導・評価することが求められます。

具体的な評価の方法としては，ペーパーテストのみならず，論述やレポートの作成，発表，グループでの話合い，作品の制作や表現等の多様な活動を取り入れたり，それらを集めたポートフォリオを活用したりするなど評価方法を工夫することが考えられます。

⑶「主体的に学習に取り組む態度」の評価の考え方と方法

答申において「学びに向かう力，人間性等」には，①「主体的に学習に取り組む態度」として観点別学習状況の評価を通じて見取ることができる部分と，②観点別学習状況の評価や評定にはなじまず，こうした評価では示しきれないことから個人内評価を通じて見取る部分があることに留意する必要があるとされています。すなわち，②については観点別学習状況の評価の対象外とすることになります。

「主体的に学習に取り組む態度」の評価に際しては，単に継続的な行動や積極的な発言を行うなど，性格や行動面の傾向を評価するということではなく，各教科等の「主体的に学習に取り組む態度」に係る観点の趣旨に照らして，知識及び技能を習得したり，思考力，判断力，表現力等を身に付けたりするために，自らの学習状況を把握し，学習の進め方について試行錯誤するなど自らの学習を調整しながら，学ぼうとしているかどうかという意思的な側面を評価することが重要になります。従前の「関心・意欲・態度」の観点も，各教科等の学習内容に関心をもつことのみならず，よりよく学ぼうとする意欲をもって学習に取り組む態度を評価するという考え方に基づいたものであり，今回の改訂では，この点を「主体的に学習に取り組む態度」として改めて強調しています。

本観点に基づく評価は，「主体的に学習に取り組む態度」に係る各教科等の評価の観点の趣旨に照らして，次の二つの側面を評価することが求められます（図５）。

① 知識及び技能を獲得したり，思考力，判断力，表現力等を身に付けたりすることに向けた粘り強い取組を行おうとしている側面
② ①の粘り強い取組を行う中で，自らの学習を調整しようとする側面

○「主体的に学習に取り組む態度」の評価については，①知識及び技能を獲得したり，思考力，判断力，表現力等を身に付けたりすることに向けた粘り強い取組を行おうとする側面と，②①の粘り強い取組を行う中で，自らの学習を調整しようとする側面，という二つの側面から評価することが求められる。

○これら①②の姿は実際の教科等の学びの中では別々ではなく相互に関わり合いながら立ち現れるものと考えられる。例えば，自らの学習を全く調整しようとせず粘り強く取り組み続ける姿や，粘り強さが全くない中で自らの学習を調整する姿は一般的ではない。

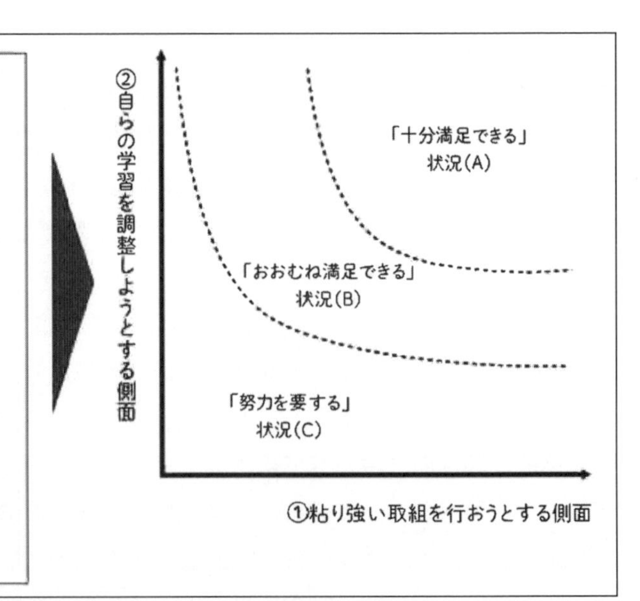

図５ 「主体的に学習に取り組む態度」の評価のイメージ[5]

この際の評価は，生徒の学習の調整が「適切に行われているか」を必ずしも判断するものではなく，学習の調整が知識及び技能の習得などに結び付いていない場合には，教師が学習の進め方を適切に指導することが求められます。

具体的な評価の方法としては，ワークシートやレポート等における記述，授業中の発言，教師による行動観察や生徒による自己評価や相互評価等の状況を，教師が評価を行う際に考慮す

る材料の一つとして用いることなどが考えられます。これら①②の姿は，実際の教科等の学びの中では別々ではなく相互に関わり合いながら立ち現れるものと考えられることから，実際の評価の場面においては，双方の側面を一体的に見取ることも想定されます。例えば，自らの学習を全く調整しようとせず粘り強く取り組み続ける姿や，粘り強さが全くない中で自らの学習を調整する姿は一般的ではないと考えられます。

❹　学習評価の充実

以上のことを踏まえて，技術・家庭科家庭分野の学習評価の充実においては，次のことに留意する必要があります。

⑴学習評価の妥当性，信頼性を高める工夫

- 評価規準や評価方法について，事前に教師同士で検討するなどして明確にすること，評価に関する実践事例を蓄積し共有していくこと，評価結果についての検討を通じて評価に係る教師の力量の向上を図ることなど，学校として組織的かつ計画的に取り組むことが必要です。
- 学校が生徒や保護者に対し，評価に関する仕組みについて事前に説明したり，評価結果について丁寧に説明したりするなど，評価に関する情報をより積極的に提供し生徒や保護者の理解を図ることも求められています。
- 生徒自身に学習の見通しをもたせるためには，学習評価の方針を事前に生徒と共有する場面を必要に応じて設け，評価の結果をフィードバックする際にも，どのような方針によって評価したのかを改めて生徒に共有することも重要です。

⑵学習評価の流れと計画

- 評価規準の作成に当たっては，各学校の実態に応じて目標に準拠した評価を行うために，「評価の観点及びその趣旨」が技術・家庭科の目標を踏まえて作成されていること，また同様に，「分野別の評価の観点の趣旨」が家庭分野の目標を踏まえて作成されていることを確認することが必要です。
- 教科及び分野の目標を踏まえて，「評価の観点及びその趣旨」が作成されていることを理解した上で，①家庭分野における「内容のまとまり」と「評価の観点」との関係を確認します。②【観点ごとのポイント】を踏まえ，「内容のまとまりごとの評価規準」を作成します。
- 題材に応じた評価規準の設定から評価の総括までの一連の流れにおいて，生徒の学習改善及び教師の指導改善を念頭に置いて，評価の計画を立てることが重要です。

・「主体的に学習に取り組む態度」の観点は，家庭分野の目標の⑶に対応するものですが，観点別学習状況の評価を通じて見取ることができる部分を整理し，示していることを確認することが必要です。

⑶評価する時期や場面の精選

・日々の授業の中で生徒の学習状況を把握して指導に生かすことに重点を置きつつ，各教科における観点別の学習状況についての評価は，毎回の授業ではなく，原則として題材などのまとまりごとに，それぞれの実現状況が把握できる段階で評価を行うなど，その場面を精選することが重要です。
・学習指導要領に定められた家庭分野の目標や内容の特質に照らして，複数の題材にわたって長期的な視点で評価することが可能です。
・生徒全員の学習状況を記録に残す場面を精選し，かつ適切に評価するための評価の計画が一層重要です。

⑷観点別学習状況の評価の留意点

・学習指導のねらいが生徒の学習状況として実現されたかについて，評価規準に照らして観察し，毎時間の授業で適宜指導を行うことは，育成を目指す資質・能力を生徒に育むためには不可欠です。その上で，評価規準に照らして，観点別学習状況の評価をするための記録を取ることになります。いつ，どのような方法で，観点別学習状況を評価するための記録を取るのかについて，評価の計画を立てることが大切です。
・観点別の学習状況の評価については，「おおむね満足できる」状況，「十分満足できる」状況，「努力を要する」状況と判断した生徒の具体的な状況を想定しておくことも必要です。「十分満足できる」状況という評価は，生徒が実現している学習の状況が質的な高まりや深まりをもっていると判断されるときに適用されます。

（鈴木　明子）

［参考文献］
1　文部科学省国立教育政策研究所教育課程研究センター．学習評価の在り方ハンドブック　小・中学校編．2019年6月．
2　国立教育政策研究所教育課程研究センター．「指導と評価の一体化」のための学習評価に関する参考資料　中学校技術・家庭．2020年6月．
3　2に同じ
4　1に同じ
5　2に同じ

2　家庭分野で育成する資質・能力と学習評価

❶　家庭分野で育成する資質・能力と評価の観点

⑴目標に示された資質・能力

平成29年改訂学習指導要領では，本章の**1**（p.10参照）に示されているように，全ての教科等の目標及び内容が「知識及び技能」，「思考力，判断力，表現力等」，「学びに向かう力，人間性等」の育成を目指す資質・能力の三つの柱で整理されています。

まず，家庭分野の目標に示された資質・能力を確認してみましょう。

> 生活の営みに係る見方・考え方を働かせ，衣食住などに関する実践的・体験的な活動を通して，よりよい生活の実現に向けて，生活を工夫し創造する資質・能力を次のとおり育成することを目指す。
>
> **柱書**
>
> ⑴家族・家庭の機能について理解を深め，家族・家庭，衣食住，消費や環境などについて，生活の自立に必要な基礎的な理解を図るとともに，それらに係る技能を身に付けるようにする。
>
> **知識及び技能**
>
> ⑵家族・家庭や地域における生活の中から問題を見いだして課題を設定し，解決策を構想し，実践を評価・改善し，考察したことを論理的に表現するなど，これからの生活を展望して課題を解決する力を養う。
>
> **思考力，判断力，表現力等**
>
> ⑶自分と家族，家庭生活と地域との関わりを考え，家族や地域の人々と協働し，よりよい生活の実現に向けて，生活を工夫し創造しようとする実践的な態度を養う。
>
> **学びに向かう力，人間性等**

目標の柱書では，家庭分野が，よりよい生活の実現に向けて，生活を工夫し創造する資質・能力を育成することを示しており，⑴～⑶がそれぞれ「知識及び技能」，「思考力，判断力，表現力等」，「学びに向かう力，人間性等」に対応しています。

なお，ここで示されている「生活の営みに係る見方・考え方」とは，今回の改訂で新しく示された家庭分野の特質に応じた物事を捉える視点や考え方であり，家庭分野が学習対象としている「家族や家庭，衣食住，消費や環境などに係る生活事象を，協力・協働，健康・快適・安全，生活文化の継承・創造，持続可能な社会の構築等の視点で捉え，よりよい生活を営むために工夫すること」と整理されています。

それでは，三つの柱に沿って示された資質・能力の内容を詳しく見てみましょう。

知識及び技能　目標の⑴は，学習内容として主に家庭生活に焦点を当て，家族・家庭，衣食住，消費や環境などに関する内容を取り上げ，生活の自立に必要な基礎的な理解を図るとともに，それらに係る技能を身に付けることを示しています。家庭分野で習得する知識は，個別の事実的な知識だけでなく，生徒が学ぶ過程の中で，既存の知識や生活経験と結び付けられ，家庭分野における学習内容の本質を深く理解するための概念として習得され，そうした概念がさらに，家庭や地域などにおける様々な場面で活用されるものとなることが重要です。それらに係る技能についても，一定の手順や段階を追って身に付く個別の技能だけではなく，それらが自分の経験や他の技能と関連付けられ，変化する状況や課題に応じて主体的に活用できる技能として習熟・定着を図ることが求められています。

思考力，判断力，表現力等　目標の(2)は，図１のような学習過程を通して，習得した「知識及び技能」を活用し，「思考力，判断力，表現力等」を育成することにより，課題を解決する力を養うことを明確にしたものです。家庭分野の課題を解決する力としては，次の四つの力が挙げられています。

①家族・家庭や地域における生活の中から問題を見いだし，解決すべき課題を設定する力
②解決の見通しをもって計画を立てる際に，生活課題について多角的に捉え，解決方法を検討し，計画，立案する力
③課題の解決に向けて実践した活動を評価・改善する力
④計画や実践について評価・改善する際に，考察したことを論理的に表現する力

生活の課題発見	解決方法の検討と計画		課題解決に向けた実践活動	実践活動の評価・改善		家庭・地域での実践
既習の知識・技能や生活経験を基に生活を見つめ、生活の中から問題を見出し、解決すべき課題を設定する ①	生活に関わる知識・技能を習得し、解決方法を検討する ②	解決の見通しをもち、計画を立てる ② ④	生活に関わる知識・技能を活用して、調理・製作等の実習や、調査、交流活動などを行う	実践した結果を評価する ③	結果を発表し、改善策を検討する ③ ④	改善策を家庭・地域で実践する

図１　家庭科，技術・家庭科（家庭分野）の学習過程のイメージ[1]
（図中の丸数字は筆者が挿入）

学びに向かう力，人間性等　目標の(3)は，(1)及び(2)で身に付けた資質・能力を活用し，自分と家族，家庭生活と地域との関わりを見つめ直し，家族や地域の人々と協働して生活を工夫し創造しようとする実践的な態度を養うことを明確にしたものです。ここでの実践的な態度とは，家族・家庭生活，衣食住の生活，消費生活・環境に関する家族・家庭や地域における様々な問題を，生活の営みに係る見方・考え方の四つの視点で捉え，一連の学習過程を通して身に付けた力を，生活をよりよくするために生かし，実践しようとする態度を意味しています。

(2)各内容に示された資質・能力

次に，家庭分野の学習指導要領の内容に示された資質・能力を見てみましょう。ここでは，例として「Ｃ消費生活・環境」を取り上げます。三つの項目の冒頭に，目標(2)に示す学習過程を踏まえ，課題をもって考え，工夫する活動を通して，指導事項ア及びイについて関連を図って取り扱うことが明確に示されています。さらに，指導事項アは「知識及び技能」の習得，イは「思考力，判断力，表現力等」の育成に対応しています。

C　消費生活・環境

次の(1)から(3)までの項目について，課題をもって，持続可能な社会の構築に向けて考え，工夫する活動を通して，次の事項を身に付けることができるよう指導する。

(1)金銭の管理と購入

知識及び技能

ア(ア)購入方法や支払い方法の特徴が分かり，計画的な金銭管理の必要性について理解すること。
(イ)売買契約の仕組み，消費者被害の背景とその対応について理解し，物資・サービスの選択に必要な情報の収集・整理が適切にできること。

イ　物資・サービスの選択に必要な情報を活用して購入について考え，工夫すること。

思考力，判断力，表現力等

(2)消費者の権利と責任

ア　消費者の基本的な権利と責任，自分や家族の消費生活が環境や社会に及ぼす影響について理解すること。

イ　身近な消費生活について，自立した消費者としての消費行動を考え，工夫すること。

(3)消費生活・環境についての課題と実践

ア　自分や家族の消費生活の中から問題を見いだして課題を設定し，その解決に向けて環境に配慮した消費生活を考え，計画を立てて実践できること。

(3)家庭分野における評価の観点

今回の学習指導要領の改訂では，目標に準拠した評価を進めていくために，育成すべき資質・能力の三つの柱に沿って各教科の指導改善等が図られるよう，評価の観点については，「知識・技能」，「思考・判断・表現」，「主体的に学習に取り組む態度」の３観点に整理されています。

それでは，家庭分野における評価の観点について確認してみましょう。

知識・技能　家庭分野の目標(1)と関わっており，家庭分野における学習過程を通した個別の知識及び技能の習得状況について評価を行うとともに，それらを既有の知識及び技能と関連付けたり活用したりする中で概念として理解したり，技能を習得したりしているかを評価します。

思考・判断・表現　家庭分野の目標(2)に示された一連の学習過程を通して，習得した知識及び技能を活用して，課題を解決する等のために必要な思考力，判断力，表現力等を身に付けているかどうかを評価します。具体的には，前ページの「思考力，判断力，表現力等」で示した課題を解決するための四つの力の育成状況を評価します。

主体的に学習に取り組む態度　この観点では，①知識及び技能を獲得したり，思考力，判断力，表現力等を身に付けたりすることに向けた粘り強い取組を行おうとしているか（粘り強さ），②粘り強い取組の中で自らの学習を調整しようとしているか（自らの学習の調整）を評価します。さらに家庭分野では，これらの学習を通して，③生活を工夫し創造し，実践しようとしているか（実践しようとする態度）について評価します。

❷ 家庭分野における学習評価の基本的な進め方

ここからは，指導と評価の一体化を実現するために，家庭分野における学習評価の基本的な進め方について解説していきます。

⑴家庭分野の評価の観点とその趣旨の確認

全ての教科等（学年別，分野別）の「評価の観点及び趣旨」は，学習指導要領に示された教科等（学年別，分野別）の目標を踏まえて作成されており，平成31年３月初等中等教育局長通知「小学校，中学校，高等学校及び特別支援学校等における児童生徒の学習評価及び指導要録の改善等について」（以下，「改善等通知」と略す）の別紙４に示されています。

家庭分野の目標と「評価の観点とその趣旨」を次に示します。

【中学校技術・家庭科家庭分野の目標】

生活の営みに係る見方・考え方を働かせ，衣食住などに関する実践的・体験的な活動を通して，よりよい生活の実現に向けて，生活を工夫し創造する資質・能力を次のとおり育成することを目指す。

(1)	(2)	(3)
家族・家庭の基本的な機能について理解を深め，生活の自立に必要な家族・家庭，衣食住，消費や環境などについて理解しているとともに，それらに係る技能を身に付けるようにする。	家族・家庭や地域における生活の中から問題を見いだして課題を設定し，解決策を構想し，実践を評価・改善し，考察したことを論理的に表現するなど，これからの生活を展望して課題を解決する力を養う。	自分と家族，家庭生活と地域との関わりを考え，家族や地域の人々と協働し，よりよい生活の実現に向けて，生活を工夫し創造しようとする実践的な態度を養う。

（「中学校学習指導要領」p.136）

【技術・家庭科家庭分野の評価の観点及び趣旨】

観点	知識・技能	思考・判断・表現	主体的に学習に取り組む態度
趣旨	家族・家庭の基本的な機能について理解を深め，生活の自立に必要な家族・家庭，衣食住，消費や環境などについて理解しているとともに，それらに係る技能を身に付けている。	これからの生活を展望し，家族・家庭や地域における生活の中から問題を見いだして課題を設定し，解決策を構想し，実践を評価・改善し，考察したことを論理的に表現するなどして課題を解決する力を身に付けている。	家族や地域の人々と協働し，よりよい生活の実現に向けて，課題の解決に主体的に取り組んだり，振り返って改善したりして，生活を工夫し創造し，実践しようとしている。

（「改善等通知」別紙４　p.18）

⑵「内容のまとまりごとの評価規準」の作成

次に，家庭分野における「内容のまとまり」と「評価の観点」との関係を確認し，「内容のまとまりごとの評価規準」を作成します。「内容のまとまり」とは，学習指導要領に示す「第２　各分野の目標及び内容」の「２　内容」の項目を整理したものです。つまり，家庭分野に

おける「内容のまとまり」は以下のようになっています。

A 家族・家庭生活	(1)自分の成長と家族・家庭生活 (3)家族・家庭や地域との関わり	(2)幼児の生活と家族 (4)家族･家庭生活についての課題と実践
B 衣食住の生活	(1)食事の役割と中学生の栄養の特徴 (3)日常食の調理と地域の食文化 (5)生活を豊かにするための布を用いた製作 (7)衣食住の生活についての課題と実践	(2)中学生に必要な栄養を満たす食事 (4)衣服の選択と手入れ (6)住居の機能と安全な住まい方
C 消費生活・環境	(1)金銭の管理と購入 (3)消費生活・環境についての課題と実践	(2)消費者の権利と責任

ここでは，「C消費生活・環境」の(1)「金銭の管理と購入」を取り上げて，「内容のまとまりごとの評価規準」の作成手順を説明します。C(1)の内容は，p.19を参照してください。

❶(2)で説明したように，指導事項アは「知識及び技能」に関する内容，イは「思考力，判断力，表現力等」に関する内容が示されています。以下に示す評価の観点ごとのポイントを踏まえ，「内容のまとまりごとの評価規準」を作成します。

知識・技能　「知識・技能」については，基本的には，指導事項アについて，その文末「～について理解すること」を「～について理解している」に，「～について理解し，～適切にできること」を「～について理解しているとともに，～適切にできる」にすることで，評価規準が作成できます。ただし，A(1)については，指導事項アの文末「～に気付かせるようにすること」を「～に気付いている」とします。

思考・判断・表現　「思考・判断・表現」については，目標の(2)に思考力，表現力，判断力等の育成に係る学習過程が示されていることから，それを踏まえて授業を展開し，「課題を解決する力」が身に付いているかどうかを評価する必要があります。基本的に，指導事項イについては，その文末を家庭分野の評価の観点及び趣旨（p.20参照）に基づき，「～について問題を見いだして課題を設定し，解決策を構想し，実践を評価・改善し，考察したことを論理的に表現するなどして課題を解決する力を身に付けている」とすることで評価規準が作成できます。

主体的に学習に取り組む態度　「主体的に学習に取り組む態度」については，生徒の学習への継続的な取組を通して現れる性質を有することなどから，「2　内容」に記載がありません。そのため，家庭分野の目標を参考にしつつ，家庭分野の評価の観点及び趣旨（p.20参照）のうち，「主体的に学習に取り組む態度」に関わる部分を用いて評価規準を作成することになります。その際に，対象とする指導内容は，指導項目の名称を用いて示すこととされています。具体的には，①粘り強さ，②自らの学習の調整，③実践しようとする態度を含めることを基本とし，その文末を「～について，課題の解決に主体的に取り組んだり（①），振り返って改善したり（②）して，生活を工夫し創造し，実践しようとしている（③）」として評価規準を作成します。

これらのことを踏まえてC⑴の「内容のまとまりごとの評価規準」を作成すると以下のようになります。

【C⑴金銭の管理と購入の内容のまとまりごとの評価規準】

知識・技能	思考・判断・表現	主体的に学習に取り組む態度
・購入方法や支払い方法の特徴が分かり，計画的な金銭管理の必要性について理解している。 ・売買契約の仕組み，消費者被害の背景とその対応について理解しているとともに，物資・サービスの選択に必要な情報の収集・整理が適切にできる。	物資・サービスの選択・購入について問題を見いだして課題を設定し，解決策を構想し，実践を評価・改善し，考察したことを論理的に表現するなどして課題を解決する力を身に付けている。	よりよい生活の実現に向けて，金銭の管理と購入について，課題の解決に主体的に取り組んだり，振り返って改善したりして，生活を工夫し創造し，実践しようとしている。

なお，A⑴及び「生活の課題と実践」のA⑷，B⑺，C⑶は，指導事項アのみで構成されています。A⑴の評価の観点については「知識・技能」のみとします。一方，A⑷，B⑺，C⑶の評価の観点については，該当する内容の学習を基礎とし，他の内容との関連を図り，家庭や地域などで実践を行い，課題を解決する力と生活を工夫し創造しようとする実践的な態度を養うことをねらいとしていることから，「思考・判断・表現」及び「主体的に学習に取り組む態度」となることに注意して作成します。

「内容のまとまりごとの評価規準」の例は，国立教育政策研究所「『指導と評価の一体化』のための学習評価に関する参考資料　中学校技術・家庭」（以下，「参考資料」と略す）の巻末資料に示されていますので，参考にされるとよいでしょう。

⑶題材の評価規準の作成

家庭分野では，学習指導要領の各項目に示される指導内容を指導単位にまとめて組織して題材を構成し，教科目標の実現を目指しています。題材の設定においては，「A家族・家庭生活」から「C消費生活・環境」までの各内容項目や指導事項の相互の関連を図り，系統的及び総合的に学習が展開されるよう配慮することが大切です。また，生徒や学校，地域の実態，生徒の興味・関心や学習経験などを踏まえて，授業時数や履修学年などを含め，適切な題材を設定します。題材が設定されたら，「題材の目標」及び「題材の評価規準」を作成した上で，指導と評価の計画を作成し，学習指導要領解説の記述を参考にするなどして，「題材の評価規準」を学習活動に即して具体化することが必要となります。それを基に授業を実践し，観点別学習状況評価を行って生徒の学習改善や教師の指導改善を行い，最終的には観点ごとの総括的評価を行います。

それでは，「内容のまとまりごとの評価規準」の考え方を踏まえた，「題材の目標」及び「題材の評価規準」の作成の仕方について，第２章事例３の題材「食生活をマネジメントしよう（第２学年）」を例として確認していきましょう。

題材の目標の設定　「題材の目標」は，学習指導要領に示された家庭分野の目標（p.20参照）並びに題材で指導する項目及び指導事項を踏まえて設定し，題材で身に付ける資質・能力を明確にします。文末の表現（下線部）に注意してください。

(1)　生活の中で食事が果たす役割，健康によい食習慣，中学生に必要な栄養の特徴，栄養素の種類と働き，食品の栄養的な特質，中学生の１日に必要な食品の種類と概量，１日分の献立作成の方法について理解する。【知識及び技能】
(2)　自分の食習慣や中学生の１日分の献立について問題を見いだして課題を設定し，解決策を構想し，実践を評価・改善し，考察したことを論理的に表現するなどして課題を解決する力を身に付ける。【思考力，判断力，表現力等】
(3)　よりよい生活の実現に向けて，食事の役割と中学生の栄養の特徴，中学生に必要な栄養を満たす食事について，課題の解決に主体的に取り組んだり，振り返って改善したりして，生活を工夫し創造し，実践しようとする。【学びに向かう力，人間性等】

題材の評価規準の設定　題材の評価規準は「内容のまとまりごとの評価規準（例）」から題材において指導する項目及び指導事項に関する部分を抜き出し，評価の観点ごとに整理・統合，具体化するなどして作成し，評価のための判断のよりどころを決めます。この事例３では，内容のまとまりが二つ含まれています。本書の事例では，事例１及び事例10も同様です。

【題材「食生活をマネジメントしよう（第２学年）」の評価規準の検討例】

	知識・技能	思考・判断・表現	主体的に学習に取り組む態度
内容のまとまりごとの評価規準（例）	B(1)ア(ア) 生活の中で食事が果たす役割について理解している。 B(1)ア(イ) 中学生に必要な栄養の特徴が分かり，健康によい食習慣について理解している。	自分の食習慣について問題を見いだして課題を設定し，解決策を構想し，実践を評価・改善し，考察したことを論理的に表現するなどして課題を解決する力を身に付けている。	よりよい生活の実現に向けて，食事の役割と中学生の栄養の特徴について，課題の解決に主体的に取り組んだり，振り返って改善したりして，生活を工夫し創造し，実践しようとしている。
	B(2)ア(ア) 栄養素の種類と働きが分かり，食品の栄養的な特質について理解している。 B(2)ア(イ) 中学生の１日に必要な食品の種類と概量が分かり，１日分の献立作成の方法について理解している。	中学生の１日分の献立について問題を見いだして課題を設定し，解決策を構想し，実践を評価・改善し，考察したことを論理的に表現するなどして課題を解決する力を身に付けている。	よりよい生活の実現に向けて，中学生に必要な栄養を満たす食事について，課題の解決に主体的に取り組んだり，振り返って改善したりして，生活を工夫し創造し，実践しようとしている。

題材の評価規準	・生活の中で食事が果たす役割について理解している。 ・中学生に必要な栄養の特徴が分かり，健康によい食習慣について理解している。 ・栄養素の種類と働きが分かり，食品の栄養的な特質について理解している。 ・中学生の１日に必要な食品の種類と概量が分かり，１日分の献立作成の方法について理解している。	自分の食習慣，中学生の１日分の献立について問題を見いだして課題を設定し，解決策を構想し，実践を評価・改善し，考察したことを論理的に表現するなどして課題を解決する力を身に付けている。	よりよい生活の実現に向けて，食事の役割と中学生の栄養の特徴，中学生に必要な栄養を満たす食事について，課題の解決に主体的に取り組んだり，振り返って改善したりして，生活を工夫し創造し，実践しようとしている。

⑷「指導と評価の計画」における学習活動に即した具体的な評価規準の作成

ここまでで題材の目標と評価規準が設定できました。次はこれらを踏まえて，毎時間の指導目標や学習活動などを示した指導計画に，評価場面や評価方法等を記載した「指導と評価の計画」を作成します。指導と評価の一体化を進めるためには，評価規準に照らして生徒の学習状況を観察し，観点別の学習評価の記録を取ることが必要であり，そのためには，いつ，どのような方法で評価するための記録を取るのか，つまり評価の計画を立てることが重要となります。

なお，「指導と評価の計画」における評価規準は，学習活動に即している必要があります。そのため，まずは，次に示すポイントに留意して「内容のまとまりごとの評価規準（例）」を具体化し，さらにそれを基に題材における学習活動に即した具体的な評価規準を作成します。

【「『内容のまとまりごとの評価規準（例）』を具体化した例」を作成する際のポイント（「参考資料」第３編）】

○「知識・技能」のポイント

・「知識・技能」については，その文末を「～について理解している」「～について理解しているとともに，適切にできる」として評価規準を作成します。

○「思考・判断・表現」のポイント

・「思考・判断・表現」については，基本的には，家庭分野の目標の⑵に示されている学習過程に沿って，各題材において次に示す四つの評価規準を設定し，評価することが考えられます。ただし，これらの評価規準は，各題材の構成に応じて適切に位置づけることに留意する必要があります。

①家族・家庭や地域における生活の中から問題を見いだし，解決すべき課題を設定する力：文末を「～について問題を見いだして課題を設定している」とします。②解決の見通しをもって計画を立てる際，生活課題について多角的に捉え，解決方法を検討し，計画，立案する力：文末を「～について（実践に向けた計画を）考え，工夫している」とします。③課題の解決に向けて実践した結果を評価・改善する力：文末を「～について，実践を評価したり，改善したりしている」とします。④計画や実践について評価・改善する力：文末を「～についての課題解決に向けた一連の活動につ

いて，考察したことを論理的に表現している」とします。

○「主体的に学習に取り組む態度」のポイント

・「主体的に学習に取り組む態度」については，「思考・判断・表現」と同様に，基本的には，各題材の学習過程において三つの側面から評価規準を設定し，評価することが考えられます。ただし，これらの評価規準は，各題材の構成に応じて適切に位置づけることに留意する必要があります。
①粘り強さ：文末を「～について，課題の解決に主体的に取り組もうとしている」とします。②自らの学習の調整：文末を「～について，課題解決に向けた一連の活動を振り返って改善しようとしている」とします。③実践しようとする態度：文末を「～について工夫し創造し，実践しようとしている」とします。

このポイントにしたがって,「B衣食住の生活」の⑴「食事の役割と中学生の栄養の特徴」と⑵「中学生に必要な栄養を満たす食事」それぞれの「『内容のまとまりごとの評価規準例』を具体化した例」を作成します。下記にB⑴について示します。B⑵についても同様に作成します。

【「B衣食住の生活」⑴「食事の役割と中学生の栄養の特徴」】

	知識・技能	思考・判断・表現	主体的に学習に取り組む態度
内容のまとまりごとの評価規準(例)を具体化した例	・生活の中で食事が果たす役割について理解している。 ・中学生に必要な栄養の特徴について理解している。 ・健康によい食習慣について理解している。	・自分の食習慣について問題を見いだして課題を設定している。 ・自分の食習慣について考え，工夫している。 ・自分の食習慣について，実践を評価したり，改善したりしている。 ・自分の食習慣についての課題解決に向けた一連の活動について，考察したことを論理的に表現している。	・食事の役割と中学生の栄養の特徴について，課題の解決に向けて主体的に取り組もうとしている。 ・食事の役割と中学生の栄養の特徴について，課題解決に向けた一連の活動を振り返って改善しようとしている。 ・よりよい生活の実現に向けて，食事の役割と中学生の栄養の特徴について工夫し創造し，実践しようとしている。

※下線部はp.24，25のポイントを参照

次にB⑴とB⑵の「『内容のまとまりごとの評価規準（例）』を具体化した例」を基に，学習指導要領解説における記述等を参考に，学習活動に即して具体的な評価規準を設定します。この題材のように内容のまとまりが二つの場合には，それぞれの内容ごとに評価規準を設定する場合や，二つの内容のまとまりをまとめて評価規準を設定する場合がありますが，事例３では，後者の方法をとっており，評価規準は次ページに示します。「知識・技能」は①～⑤，「思考・判断・表現」は①～④，「主体的に学習に取り組む態度」は①～③で設定されています。この題材の学習活動の詳細は，事例３の「指導と評価の計画」（p.63）を参照してください。

【題材における学習活動に即した具体的な評価規準】

	知識・技能	思考・判断・表現	主体的に学習に取り組む態度
B(1) B(2)	①生活の中で食事が果たす役割について理解している。 ②中学生に必要な栄養の特徴が分かり，健康によい食習慣について理解している。 ③栄養素の種類と働きが分かり，食品の栄養的な特質について理解している。 ④中学生の１日に必要な食品の種類と概量について，食品群別摂取量の目安と関連付けて理解している。 ⑤中学生に必要な栄養を満たす１日分の献立作成の方法について理解している。	①自分の食習慣や中学生の１日分の献立について問題を見いだして課題を設定している。 ②自分の食習慣や中学生の１日分の献立について考え，工夫している。 ③自分の食習慣や中学生の１日分の献立について実践を評価したり，改善したりしている。 ④自分の食習慣や中学生の１日分の献立についての課題解決に向けた一連の活動について，考察したことを論理的に表現している。	①食事の役割と中学生の栄養の特徴，中学生に必要な栄養を満たす食事について，課題の解決に向けて主体的に取り組もうとしている。 ②食事の役割と中学生の栄養の特徴，中学生に必要な栄養を満たす食事について，課題解決に向けた一連の活動を振り返って改善しようとしている。 ③よりよい生活の実現に向けて，食事の役割と中学生の栄養の特徴，中学生に必要な栄養を満たす食事について工夫し創造し，実践しようとしている。

(5)観点別学習状況の評価

観点別学習状況の評価とは，家庭分野の目標や内容に照らして，生徒の実現状況を観点ごとに評価し，生徒の学習状況を分析的に捉えるものです。「十分満足できる」状況と判断されるものをA，「おおむね満足できる」状況と判断されるものをB，「努力を要する」状況と判断されるものをCのように区別して評価を記入します。「努力を要する」状況（C）になりそうな生徒に対しては，「おおむね満足できる」状況（B）となるよう適切に指導することが重要です。

知識・技能　「知識・技能」の評価では，個別の事実的な知識及び技能の習得状況について評価するとともに，それらを既有の知識及び技能と関連付けたり活用したりする中で概念等として理解したり，技能を習得したりしているかについて評価します。また，技能については，一定の手順や方法に沿って行うことのできる技能だけでなく，なぜそうするのかという根拠を理解した上でできるようになることが求められていることに注意する必要があります。そのため，実技テストだけで評価することは困難であり，ペーパーテストやワークシート（学習カード）等による記述と組み合わせて評価することが重要です。

思考・判断・表現　「思考・判断・表現」の評価は，結果としての工夫創造だけでなく，一連の学習過程において評価するため，評価場面を適切に設定する必要があります。課題設定においては，既習の知識及び技能や生活経験を基に生活を見つめ，これからの生活を展望し，生活の中から問題を見いだし，解決すべき課題を生徒一人一人が自分ごととして設定することが求められます。課題解決の実践においては，獲得した知識や技能を活用して実践し，その実践した結果を評価・改善すること，さらに評価・改善する際に考察したことを論理的に表現することが求められます。解決策を考え計画を立てる場面や実践を評価・改善する場面においては，生徒間で対話的な学びを取り入れることで，自らの考えを明確にしたり，広げたり深めたりすることができると考えられます。具体的な評価方法としては，ワークシート（学習カード），レポート等における記述，製作計画・実践記録表，製作した物，発表，グループでの話合い等の多様な活動を取り入れることが考えられます。

主体的に学習に取り組む態度　この観点についての詳細は，次ページからの「**2** 家庭分野における授業改善と『主体的に学習に取り組む態度』の評価」を参照してください。

⑹観点別学習状況の評価の総括

一連の学習過程の中で記録する生徒の観点別学習状況の評価については前項で説明をしました。その記録を基に，題材，家庭分野，技術・家庭科としての観点別学習状況の評価の総括をする必要があります。その方法について，説明しましょう。

題材の観点別学習状況の評価の総括　「参考資料」第1編第2章1「⑸観点別学習状況の評価に係る記録の総括」に示された二つの方法を参考に行うことが考えられます。

①評価結果のA，B，Cの数を基に総括する場合：何回か行った評価結果のA，B，Cの数が多いものが，その観点の学習の実施状況を最もよく表現しているとする考え方。

②評価結果のA，B，Cを数値に置き換えて総括する場合：何回か行った評価結果A，B，Cを，例えばA＝3，B＝2，C＝1のように数値によって表し，合計したり平均したりする方法。

家庭分野の観点別学習状況の評価の総括　題材ごとの観点別評価を合わせて分野ごとの総括とします。例えば，年間で複数の題材を扱った場合には，それぞれの観点別評価を行い，観点ごとに総括して家庭分野の観点別評価とします。

技術・家庭科の観点別学習状況の評価の総括　技術分野及び家庭分野を合わせて技術・家庭科の総括とします。その際，分野ごとに観点別評価の総括をした後，配当する授業時数に応じて重みづけを行うなどの方法が考えられます。

（杉山　久仁子）

［参考文献］
1　中央教育審議会．幼稚園，小学校，中学校，高等学校及び特別支援学校の学習指導要領等の改善及び必要な方策等について（答申）．2016年12月21日．
2　文部科学省初等中等教育局長通知．小学校，中学校，高等学校及び特別支援学校等における児童生徒の学習評価及び指導要録の改善等について（通知）．2019年３月29日．
3　国立教育政策研究所教育課程研究センター．「指導と評価の一体化」のための学習評価に関する参考資料　中学校技術・家庭．2020年６月．

2 家庭分野における授業改善と「主体的に学習に取り組む態度」の評価

1 家庭分野における授業改善

ここでは，第１章の**1**（p.17参照）で述べた資質・能力を育成するために，「どのように学ぶのか」，「主体的な学び」，「対話的な学び」，「深い学び」の視点から，「見方・考え方」を働かせて学ぶ家庭分野の授業づくりについて考えてみましょう。

家庭分野の学習過程については，平成28年12月中教審答申では，「家庭科，技術・家庭科家庭分野で育成することを目指す資質・能力は，『生活の営みに係る見方・考え方』を働かせつつ，生活の中の様々な問題の中から課題を設定し，その解決を目指して解決方法を検討し，計画を立てて実践するとともに，その結果を評価・改善するという活動の中で育成できる」とし，その学習過程を下図のように４段階で示しています。「主体的に学習に取り組む態度」についても家庭分野においては，このような一連の学習過程を通して育成することになります。

生活の課題発見	解決方法の検討と計画		課題解決に向けた実践活動	実践活動の評価・改善		家庭・地域での実践
既習の知識・技能や生活経験を基に生活を見つめ、生活の中から問題を見出し、解決すべき課題を設定する	生活に関わる知識・技能を習得し、解決方法を検討する	解決の見通しをもち、計画を立てる	生活に関わる知識・技能を活用して、調理・製作等の実習や、調査、交流活動などを行う	実践した結果を評価する	結果を発表し、改善策を検討する	改善策を家庭・地域で実践する

図１　家庭科，技術・家庭科（家庭分野）の学習過程のイメージ　（p.18図１再掲）

❶ 主体的・対話的で深い学びの視点からの授業改善

(1)「主体的な学び」の視点

現在及び将来を見据えて，生活や社会の中から問題を見いだし課題を設定し，見通しをもって解決に取り組んだり，学習の過程を振り返って実践を評価・改善して，新たな課題に主体的に取り組んだりすることがポイントになります。

題材を通して見通しをもたせる場面では，何のために学習するのか，その目的を明確にすることによって，生徒が学ぶ意義を自覚できるようにすることが大切です。そのためには，家族・家庭や地域における生活の営みへの興味・関心を喚起し，家族・家庭や地域における生活の中から問題を見いだして課題を設定し，その解決に取り組むことができるようにしましょう。例えば，「地域に伝わる郷土料理は，どのように作るとよいのだろう」という題材を通した課題をもち，追究する生徒の意識の流れに沿って学習が展開するよう学習過程を工夫することが大切です。「なぜ，そのようにするのだろう」と調理の手順に疑問をもち，試行錯誤する活動を通して基礎的・基本的な知識及び技能の習得に粘り強く取り組むことができるようにします。

題材を振り返る場面では，実践を評価し，改善策を構想したり，新たな課題を見付け，次の学びにつなげたりするなど，生徒が，生活の課題を解決しようと学び続けることができるようにすることが重要です。そのためには，学習した内容を実際の生活で生かす場面を設定し，自分の生活が家庭や地域社会と深く関わっていることを認識したり，自分が社会に参画できる存在であることに気付いたりすることができる活動などを充実させることが大切です。

⑵「対話的な学び」の視点

他者と対話したり協働したりする中で，自らの考えを明確にしたり，広げ深めたりすることがポイントになります。

「対話的な学び」は，**題材のあらゆる場面**で設定することが考えられます。例えば，**解決方法を探る場面**では，試しの活動や実験・実習等を協働して行い，その結果をグループで話し合うことにより，自分の考えと友達の考えの共通点や相違点を見付け，より深く考えることができます。その際，グループの考えを整理し，それらを集約・分類するなど，互いの考えを可視化し，比較できるようにすることが大切です。**実践を振り返る場面**では，グループで発表し合うだけではなく，「なぜ，その方法にしたのか」など，ペアで聞き合うなどの活動も考えられます。また，家庭分野では，家族・家庭や地域の生活における課題を解決するために，家族や地域，企業の人にインタビューする活動などを取り入れ，他者との関わりを通して，生徒が自分の考えを明確にし，広げ深めることができるようにすることが大切です。

⑶「深い学び」の視点

生徒が生活の中から問題を見いだして課題を設定し，その解決に向けた解決策の検討，計画，実践，評価・改善といった一連の学習活動の中で，生活の営みに係る見方・考え方を働かせながら課題の解決に向けて自分の考えを構想したり，表現したりして，資質・能力を獲得することがポイントになります。

生徒が既習事項や生活経験と関連付けて意見交流したり，家庭や地域で調べたことを発表し合ったりする活動を通して，「生活の営みに係る見方・考え方」を拠り所として，解決方法を検討します。また，実践活動を振り返る中で改善策を構想します。こうした学習過程において，生徒が「生活の営みに係る見方・考え方」を働かせることができていたかを確認しつつ，指導の改善につなげることが大切です。

このように，「深い学び」の視点から授業改善し，生徒が「見方・考え方」を働かせて学ぶ授業のデザインを考えることにより，資質・能力を育成することが求められています。

第１章の**1**（p.9参照）でも述べたように，「主体的に学習に取り組む態度」の評価に当たっては，「主体的・対話的で深い学び」の視点からの授業改善を図る中で評価できるようにすることが重要です。題材の学習過程の中で，学習を見通したり，振り返ったりする機会を設けましょう。

❷ 授業改善につながるICT（１人１台端末）の効果的な活用

誰一人取り残すことなく，資質・能力を確実に育成するためには，GIGAスクール構想（１人１台端末・高速ネットワーク）により整備された１人１台端末等を活用して，「個別最適な学び」と「協働的な学び」の一体的な充実*を進め，「主体的・対話的で・深い学び」の視点からの授業改善につなげることが期待されています。そのためには，生徒の思考の過程や結果を可視化したり，考えたことを瞬時に共有化したり，情報を収集し，編集したりすることを繰り返し行い，試行錯誤する場面において，コンピュータや情報通信ネットワークを積極的に活用することが求められています。家庭分野においては，課題解決に向けて計画を立てる場面において，情報通信ネットワークを活用して調べたり，実践を評価・改善する場面において，コンピュータを活用して結果をまとめ，発表したりする活動が考えられます。

ここでは，個別学習や協働学習の場面において，１人１台端末の活用により可能となる学習活動について考えてみましょう。

〈個別学習の場面〉

①自分の考えを構築する際，端末で共有している資料を必要な時に参考にすることができる。
②端末上の計画表や記録表に記入することにより，思考したり表現したりすることができる。
③生徒の学習状況を教師用の端末で確認し，個別指導や意図的な指名に生かすことができる。

〈協働学習の場面〉

①複数の意見や考えを整理する際，付箋を共有する機能を使って，意見や考えの比較・分類・関連付け等を行うことができる。
②グループや学級全体で発表・話合いをする際，共同で編集する機能を使って，同時に発表資料を作成・検討等を行うことができる。
③学習を振り返る際，アンケート機能を使って，振り返りの内容や傾向を全体で共有し，次の学習の見通しをもたせることができる。

これらを踏まえ，例えば，事例９の題材「めざせ　自立した消費者～計画的な金銭管理と購入～」において，「主体的・対話的で深い学び」を実現するために，１人１台端末をどのように活用するのかについて，考えてみましょう。

⑴「主体的な学び」の視点

１時間目の課題を設定し，学習の見通しをもつ場面では，模擬家族（Sさん一家）の消費生活場面の画像を１人１台端末を活用して視聴することにより，自分や家族の消費生活を想起し，問題を見いだして課題を設定するとともに，身近な消費生活の課題を解決しようと計画的な金

＊　文部科学省．学習指導要領の趣旨の実現に向けた個別最適な学びと協働的な学びの一体的な充実に関する参考資料（令和３年３月版）．

銭管理と購入の学習に見通しをもって主体的に取り組めるようにします。

６時間目（本時）の題材を振り返る場面では，クラウド上に保存したポートフォリオに，これまでの学びを生かして，よりよい消費生活に向けて実践したいことや新たな課題などを記入することが考えられます。ポートフォリオに記入した内容は，瞬時に全体で共有することができ，実践への意欲を高める上で効果的です。

⑵「対話的な学び」の視点

金銭管理の必要性や選択する冷蔵庫について話し合う場面で，互いの考えを深めるために，１人１台端末を活用し，グループや学級全体で工夫点や改善点を伝え合う活動を充実することが考えられます。例えば，５時間目の各自が選択した冷蔵庫について**グループで交流する場面**では，冷蔵庫の種類ごとに色分けしたデジタルシートを活用することで，選択した冷蔵庫とその理由を瞬時に共有し，デジタル付箋を活用してアドバイスし合うことが考えられます。

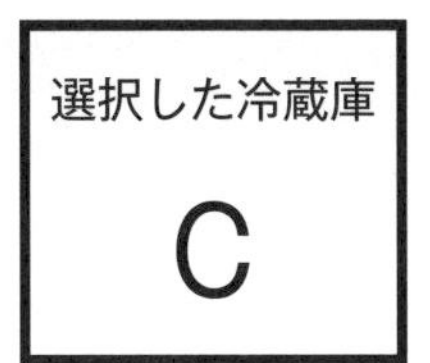

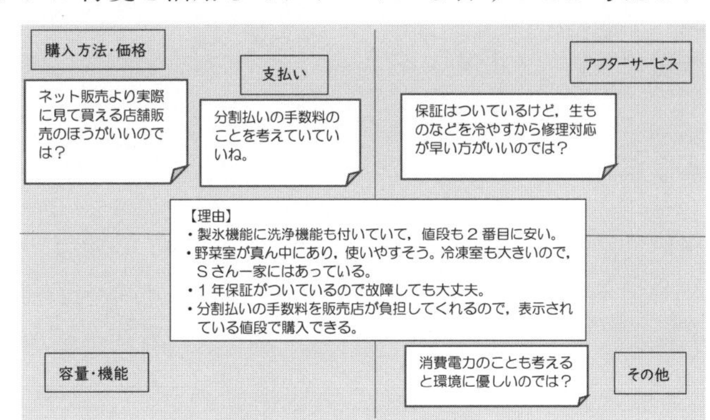

デジタルシートを活用したグループでの交流

⑶「深い学び」の視点

Ｓさん一家の冷蔵庫の選択・購入について考えるという一連の学習活動の中で，「持続可能な社会の構築」の見方・考え方を働かせながら，課題の解決に向けて自分なりに考え，１人１台端末を活用して表現できるようにすることが考えられます。例えば，４時間目のＳさん一家が購入する物の優先順位や支払い方法を検討する場面では，購入する物や支払い方法をカードにして画面上で動かすことにより，購入計画の具体的なイメージをもつことができ，計画的な金銭管理の必要性についての理解が深まります。自分の考えの整理やグループや全体での意見交流にも効果的です。また，６時間目の冷蔵庫の選択について評価・改善する場面では，５時間目にもらったデジタル付箋のアドバイスをもとに，冷蔵庫の選択を見直すことが考えられます。さらに，物資・サービスの選択・購入についてまとめたことをプレゼンテーション機能を活用して発表することが考えられます。

このように，生徒がより具体的なイメージをもって課題を設定し，見通しをもって主体的に学習を進めたり，互いの考えを共有して思考を深めたり，振り返って新たな課題を見付けたりする活動を充実することが重要です。

❸ 「主体的に学習に取り組む態度」を見取る指導と評価の計画

これまで述べたように,「主体的に学習に取り組む態度」を見取るには，生徒が主体的に学習に取り組む場面をいかに学習過程に設定するのかが重要です。生徒が見通しをもって学習に取り組む，その学習を振り返る場面を設定した学習過程を構築することが求められています。

「主体的に学習に取り組む態度」の観点については，第１章の **1** （p.19参照）で述べたように，①知識及び技能を獲得したり，思考力，判断力，表現力等を身に付けたりすることに向けた粘り強い取組を行おうとしている側面と，②粘り強い取組の中で，自らの学習を調整しようとする側面のほか，③実践しようとする態度について評価することとしています。

三つの側面については，次のように評価規準を設定することができます。

【主体的に学習に取り組む態度】
①粘り強さ：その文末を「～について，課題の解決に主体的に取り組もうとしている」
②自らの学習の調整：その文末を「～について，課題解決に向けた一連の活動を振り返って改善しようとしている」
③実践しようとする態度：その文末を「～について工夫し創造し，実践しようとしている」

例えば，事例９では，問題解決的な学習過程に沿って，題材を構成し，思考・判断・表現の①～④の評価規準を表１のように指導と評価の計画に位置付けています。また,「主体的に学習に取り組む態度」の評価規準①，②は，１～５時間目の課題の設定や解決方法の検討と計画の場面，評価規準③は，６時間目の実践活動の評価・改善の場面に位置付けています（pp.111-112参照）。

表１　事例９の題材における指導と評価の計画

学習過程	（次）時間	○ねらい	知識・技能	思考・判断・表現	主体的に学習に取り組む態度
生活の課題発見	(1) 1	○自分や家族の消費生活について問題を見いだし，課題を設定することができる。 学習の見通しをもつ		① 課題を設定する	① 主体的に取り組もうとする
解決方法の検討と計画	(2) 2・3	○多様化した購入方法や支払い方法の特徴について理解することができる。 ○売買契約の仕組み，消費者被害の背景とその対応について理解することができる。	① ※指導に生かす評価 ②		
	4	○多様な支払い方法に応じた計画的な金銭管理の必要性について理解することができる。	③ ① ※記録に残す評価		
課題解決に向けた実践活動 実践活動の評価・改善	(3) 5・6	○物資・サービスの選択に必要な情報を適切に収集・整理し，情報を活用して購入について考え，工夫することができる。 ○物資・サービスの選択・購入について評価・改善し，発表することができる。 学習を振り返る	④ ① ※記録に残す評価	② 計画を工夫する ③ 工夫・改善する ④ 考えたことを表現する	② 振り返って改善しようとする ③ 実践しようとする

本題材は，内容のまとまりが一つ（C(1)金銭の管理と購入）ですが，内容のまとまりが二つの場合には，それぞれの内容ごとに，評価規準①，②，③を設定する場合が考えられます。

また，二つの内容のまとまりをまとめて評価規準を設定する場合が考えられます（p.26参照）。

さらに，例えば，事例4のように，複数の小題材（ムニエル・蒸し野菜の調理とハンバーグの調理）を通して評価する場合が考えられます（pp.71-72参照）。

なお，「生活の課題と実践」に関するA(4)，B(7)，C(3)の項目については，家庭や地域で実践することや，実践発表会を設けることなどにも留意し，前述の「参考資料」第3編の「観点ごとのポイント」を参考に，適切な評価規準を設定することが大切です。その際，「主体的に学習に取り組む態度」の評価規準③については，「～に関する新たな課題を見付け，家庭や地域での次の実践に取り組もうとしている。」などとすることが考えられます（事例8「指導と評価の計画」p.104参照）。

2 「主体的に学習に取り組む態度」の評価と評価方法の工夫

❶ 「主体的に学習に取り組む態度」の評価に当たっての留意点

家庭分野の評価の観点及びその趣旨は，第1章の 1 （p.20参照）に示されています。

「主体的に学習に取り組む態度」の観点の趣旨は，次のとおりです。

> 家族や地域の人々と協働し，よりよい生活の実現に向けて，
> ①課題の解決に主体的に取り組んだり，
> ②振り返って改善したりして，
> ③生活を工夫し創造し，実践しようとしている。
> ※番号，下線は筆者による

下線①は粘り強さ，②は自らの学習の調整，③は実践的な態度について表したものです。

この観点は，目標の(3)を踏まえ，従前の「生活や技術への関心・意欲・態度」の観点と同様に，「生活を工夫し創造しようとする実践的な態度」について評価することとしています。前述のように，①知識及び技能を獲得したり，思考力，判断力，表現力等を身に付けたりすることに向けた粘り強い取組を行おうとしている側面と，②粘り強い取組の中で，自らの学習を調整しようとする側面の二つの側面は，相互に関わり合っていることに留意する必要があります。

例えば，幼児や高齢者など地域の人々との関わり方については，よりよく関わるために，幼児の心身の発達や高齢者の身体の特徴について調べ，粘り強く観察したり，関わり方を考え，触れ合ったり，協働したりして理解しようとしているかや，うまくいかなかったことなどを振り返って関わり方を改善するなど，自らの学習を調整しようとしているかなどについて評価するものです。

さらに，実践的な態度には，家族と協力したり，地域の人々と協働したりしようとする態度

のほかに，日本の生活文化を継承しようとする態度なども含まれており，題材に応じてこれらについて併せて評価することも考えられます。

この観点と関わる目標の(3)は，(1)及び(2)で身に付けた資質・能力を活用し，生活を工夫し創造しようとする実践的な態度を養うことを明確にしており，他の二つの観点とも密接に関わっていることに留意する必要があります。

ここでは，事例９の題材の５時間目について考えてみましょう。

５時間目は，「思考・判断・表現」の評価規準②と「主体的に学習に取り組む態度」の評価規準②について評価しています（p.112参照）。「主体的に学習に取り組む態度」の評価規準は，「思考・判断・表現」の評価規準と関わっており，このことを表２に示しています。

「思考・判断・表現」の評価規準②については，条件に合った冷蔵庫を選択し，その理由を記述することができていれば，「おおむね満足できる」状況（Ｂ）と評価します。一方，「主体的に学習に取り組む態度」の評価規準②については，条件に合った冷蔵庫を選択できたかを自己評価し，よりよい選択ができるよう取り組もうとしていれば，「おおむね満足できる」状況（Ｂ）と評価します。

つまり，条件に合うよりよい冷蔵庫を選択しようと，一連の活動を振り返るなどしている姿を捉えて，「主体的に学習に取り組む態度」という観点から評価し，実際に条件に合う冷蔵庫を選択することができた姿を捉えて，「思考・判断・表現」という観点から評価します。

表２　「思考・判断・表現」と「主体的に学習に取り組む態度」の評価の関係

		思考・判断・表現	主体的に学習に取り組む態度
評価規準		②物資・サービスの選択・購入について考え，工夫している。	②金銭の管理と購入について，課題解決に向けた一連の活動を振り返って改善しようとしている。
生徒の学習状況	「おおむね満足できる」状況（Ｂ）	収集・整理した情報をもとに，Ｓさん一家の条件（価格，容量，機能，アフターサービス，支払い方法）に合った冷蔵庫を検討して選択し，その理由を記述している。	学習を振り返り，Ｓさん一家の条件に合った冷蔵庫を検討して選択できたかどうかを自己評価し，よりよい選択ができるよう取り組もうとしている。
	「十分満足できる」状況（Ａ）	収集・整理した情報をもとに，Ｓさん一家の条件（価格，容量，機能，アフターサービス，支払い方法）に加えて，異なる視点（持続可能な社会の構築）からも検討して冷蔵庫を選択し，その理由を記述している。	学習を振り返り，Ｓさん一家の条件に合った冷蔵庫を検討して選択できたかどうかを自己評価し，異なる視点（持続可能な社会の構築）からも調べて，よりよい選択ができるよう取り組もうとしている。

したがって，それぞれの観点で評価することを明確にし，それらを見取ることができるようなワークシートやポートフォリオの記入欄や発問を工夫することが大切です。

さらに，具体的な評価について，生徒の記述内容をもとに考えてみましょう。

「思考・判断・表現」の評価規準②については，選択した冷蔵庫とその理由をワークシートの記述内容から評価します。生徒Ｋは，収集・整理した情報をもとに，条件に合った冷蔵庫を選択し，その理由を記述していることから，「おおむね満足できる」状況（B）と判断しています。

■ ワークシートの一部（生徒K）

5 整理した情報を吟味して、Ｓさん一家にふさわしい冷蔵庫を選びましょう。
4の表に、あなたが選んだ冷蔵庫を太枠で囲みましょう。

選択した冷蔵庫	選んだ理由
C	・製氷機能に洗浄機能も付いていて，値段も２番目に安い。 ・野菜室が真ん中にあり，使いやすそう。冷凍室も大きいので，Ｓさん一家にはあっている。 ・１年保証がついているので故障しても大丈夫。 ・分割払いの手数料を販売店が負担してくれるので，表示されている値段で購入できる。

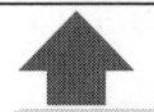

十分満足できると状況（A）と判断した生徒の具体的な例

……インターネット販売なので，口コミで購入した人の感想が確認できる。
・年間の消費電力が他の冷蔵庫に比べて少し大きいので，使用する際は，扉の開閉や冷蔵室の温度設定に気を付けるなど，買った後も環境に配慮した使用を意識することができる。

「主体的に学習に取り組む態度」の評価規準②については，条件に合った冷蔵庫の選択について振り返って自己評価し，よりよい選択ができるよう改善に取り組もうとする態度をポートフォリオの記述内容から評価しています（p.113参照）。

評価規準②（自らの学習の調整）については，「主体的・対話的で深い学び」の視点からの授業改善を図る中で，自らの学習の調整を行う場面を設定し，適切に評価します。学習前に見通しをもったり，学習後に振り返ったりすることがポイントです。そのためには，題材のはじめにゴールの姿を明確にしたり，生徒が見通しをもつ活動を計画的に取り入れたり，ワークシートやポートフォリオなどの振り返りの項目を明確にして自分の成長を自覚し，学びの過程を振り返ったりできるようにすることが大切です。その際，学習前後の比較ができるようなワークシートを準備することも考えられます。また，評価規準②は，①（粘り強さ）と相互に関わり合っていることから，同じ場面で評価することも考えられます（p.114参照）。

❷ 評価方法の工夫

「主体的に学習に取り組む態度」の具体的な評価方法としては，ワークシートや計画表，実習記録表，一連の活動を通して生徒の変容を見取るポートフォリオ等の記述内容，発言，教師による行動観察に加え，生徒の自己評価や相互評価等の状況を教師が評価を行う際に参考とすることなどが考えられます。さらに，評価規準①，②，③ごとに考えてみましょう。

①については，例えば，基礎的・基本的な知識及び技能を身に付ける場面で，自分なりに解決しようと取り組む様子をポートフォリオの記述内容や行動観察から評価することが考えられます。

②については，例えば，計画の場面で，適切に自己評価したり，相互評価を生かしたりして，

よりよい計画にしようと取り組む様子をポートフォリオや計画表の記述内容，行動観察から評価することが考えられます。

また，評価規準①（粘り強さ）と②（自らの学習の調整）の学びの姿は，相互に関わり合っていることから，同じ場面において評価することも考えられます。例えば，事例３の５時間目の中学生に必要な栄養を満たす１日分の献立作成の方法を理解する場面では，献立作成を振り返り，野菜の量が足りなかったと自己評価し，友達のアドバイスを参考に食品群別摂取量の目安と何度も比較しながら粘り強く献立作成に取り組む様子をポートフォリオの記述内容から評価しています（pp.65-66参照）。

③については，実践を通して意欲が高まり，新たな課題を見付けたり，生活において活用しようとする姿に表れたりすることから，評価を行う場面を題材の終わりに設定し，ポートフォリオやワークシートの記述内容から評価することが考えられます。

ここでは，事例９の題材「めざせ　自立した消費者～計画的な金銭管理と購入～」を例として，具体的な評価方法について考えてみましょう。

⑴ポートフォリオによる評価

例えば，２時間目では，ポートフォリオの記述内容から評価しています（p.113参照）。その際，評価規準①と②の学びの姿は，相互に関わり合っていることから，同じ場面において評価することも考えられます。学習を振り返り，支払い方法の特徴について，後払いの特徴をまとめることができなかったと自己評価し，クレジットカードの仕組みについて調べたり，友達の意見を参考にその長所や短所を考えたりして，前払いや即時払いと比較しながら粘り強く，後払いの特徴についてまとめようとする姿を評価することが考えられます。

したがって，粘り強さや自らの学習を調整しようとする姿を見取ることができる記入欄を設定することが大切です。例えば，この事例では，記入欄を次のようにしています。

評価規準①（粘り強さ）　　　　：できるようになるまで取り組んだこと
評価規準②（自らの学習の調整）：できたこと・できなかったこと
　　　　　　　　　　　　　　　　できなかったことをどのようにするのか

６時間目（本時）の「主体的に学習に取り組む態度」の評価規準③については，ポートフォリオの記述内容から評価しています（p.117参照）。題材の最後に，これまでの消費行動を振り返り，学んだことを生かし，よりよい消費生活の実現に向けて実践に取り組もうとしているかどうかを評価しています。したがって，そのような姿を見取ることができるようなポートフォリオの記入欄を工夫することが大切です。

なお，ポートフォリオについては，１人１台端末を活用することも考えられます。

⑵行動観察による評価

例えば，表3のような行動観察記録表に，生徒の姿を累積・整理することが考えられます。

事例9では，1時間目から6時間目の行動観察について，「努力を要する」状況（C）と判断される生徒への教師の働きかけや，「十分満足できる」状況（A）と判断される生徒の特徴などを記録することが考えられます。また，行動観察については，座席表を用いることも考えられます（p.113参照）。

表3　事例9における「行動観察記録表」の例

番号	氏名	11/1 第1時 態①　態②	11/8 第2時 態①　態②	11/8 第3時 態①　態②	11/15 第4時 態①　態②	11/15 第5時 態①　態②	11/22 第6時 態③
1	○○○○						
2	○○○○		①◎(調査)			②◎(発表)	
3	○○○○		①△(想起			②△(友達)	

◎：十分満足できる
△：努力を要する

実際の支払い場面を想起するなど，教師の働きかけを記録したもの

意欲的に調べる様子が見取れたことを記録したもの

友達の考えを参考にするなど，教師の働きかけを記録したもの

⑶イメージマップを活用したワークシートによる評価

実践への意欲を高めるためには，自分自身の学びの広がりと深まりを確認し，自己肯定感を高めることが必要です。題材の学習の前後に，自分の知識をイメージマップにまとめ，それらを比較することにより，自己の成長や変容に気付かせ，それらに基づいて適切な振り返りができるようにします。例えば，事例9の1時間目では，消費生活という用語に関して，知っていることをイメージマップで表し，題材の学習前に自分のもっている知識を整理します。題材の最後の6時間目にも同様にイメージマップに表し，自分の学びを確認して振り返りを記入しています。このように，評価規準③（実践しようとする態度）については，イメージマップを活用して実践意欲の高まりを促した上で，振り返りの記述内容を分析し，評価することが考えられます。

■ ワークシートの例

①「消費生活」という言葉を中心に，イメージする言葉をつないでイメージマップを作ろう。
②学習後に記入したイメージマップを使って，学習を振り返り，自己の成長について考えたことや思ったことを記入しよう。

〈イメージマップを見取る視点〉

・用語の量……学習内容に関する用語が増えていたり，自分で調べたり関心をもったりした用語が増えている。
・用語の関係……学習前には不十分であった用語の関係を適切に結び付けている。

「おおむね満足できる」状況（B）と判断される生徒の具体的な例

〈イメージマップ〉学習前　　　　学習後

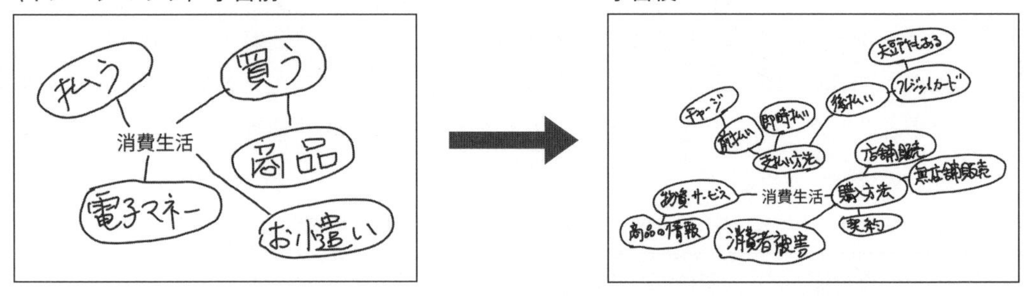

学習後のイメージマップでは，学習前と比べて題材の内容に関する用語が増え，用語どうしが適切に結び付けられています。

振り返りでは，学習内容が理解できたことを自覚し，実践への意欲の高まりが見られるため，評価規準③については，「おおむね満足できる」状況（B）と判断することができます。

振り返り
今まで，消費生活といえば「商品を買う」というイメージしかなかったけれど，たくさんのことが関係していることが分かったので，学んだことを生かしてよりよい消費生活を送りたい。

「十分満足できる」状況（A）と判断される生徒の具体的な例

〈イメージマップ〉学習前

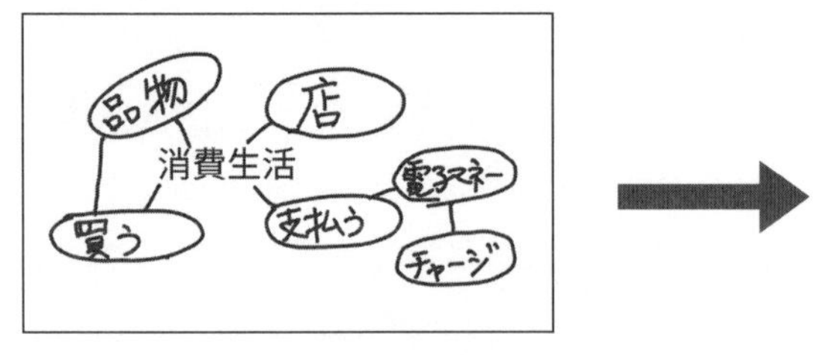

学習後

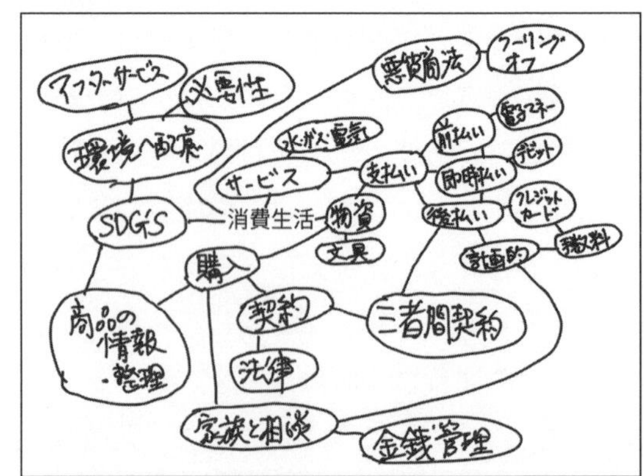

学習後のイメージマップでは，学習前と比べて題材の内容に関する用語だけではなく，関心をもった用語が増え，用語どうしが適切に結び付けられ，広がりが見られます。振り返りでは，イメージマップにまとめた学習内容の理解の深まりを自覚しており，実践への意欲の高まりが十分見られるため，「十分満足できる」状況（A）と判断することが考えられます。

なお，イメージマップで学習内容に関する用語の増加がほとんど見られない場合や，振り返りで自己の学習に対する前向きな記述が見られない場合には，「努力を要する」状況（C）と判断することが考えられます。学習内容につい

振り返り
最初は，消費生活とは「消費者と店がお金をはさんで物をやりとりする」こととしか考えていなかったが，授業を通して，契約は法律で保護されていることや，支払い方法・販売方法にも数種類あることなどが分かった。また，自分や家族に必要な商品の情報を集めて，吟味することでよりよい選択ができるし，SDGs にもつながることだと感じた。生活とつなげて知ることができたので，これからは，先を見通して計画的な購入をしたい。

ての理解が不十分なことから，例えば，スモールステップで学習内容を復習させ，理解できたことを認め励まし，自己肯定感が高まるよう支援することが考えられます。

これまで述べてきたように，「主体的に学習に取り組む態度」の評価については，「主体的・対話的で深い学び」の視点からの授業改善を図る中で，適切に評価することが大切です。

そのためには，題材の学習過程の中で，学習を見通したり，振り返ったりする機会を設けましょう。振り返りの際には，グループやペアとの交流や相互評価を活用することも大切です。

家庭において学習の見通しをもって予習したり，学習した内容を振り返って復習したりする機会を設けることなども考えられます。見通しと振り返りを生かした指導により，生徒の主体的に学習に取り組む態度を育成することで，学習意欲の向上が期待されます。

また，この観点は，ある程度の時間のまとまりの中で評価することが考えられます。例えば，事例９の題材（C⑴金銭の管理と購入）の後に，続けてこの内容を基礎としたC⑶消費生活・環境に関する課題と実践の題材を学習する場合，これらの二つの題材を通して評価することが考えられます。

さらに，この観点は，他の観点と相互に関連し合っているため，評価の観点の趣旨を十分理解して，適切な評価計画を作成することが大切です。

効果的・効率的な評価を行うためには，題材の評価計画の作成に当たって，次の点に留意しましょう。

①評価の場面に応じて，行動観察とポートフォリオを組み合わせるなど，適切な評価方法を検討しましょう。

②ポートフォリオや計画表，ワークシート等は，記入欄の項目を工夫しましょう。また，学習の前後を比較したり，題材を通して成長を自覚したりできるようにしましょう。

③評価資料をもとに，「おおむね満足できる」状況（B），「十分満足できる」状況（A）と判断される生徒の具体的な姿について考えたり，「努力を要する」状況（C）と判断される生徒への手立てを考えたりしましょう。

④１人１台端末を活用して，ワークシートやポートフォリオの記録を蓄積する場合，それらをどのように活用するのかを検討しておきましょう。

（筒井　恭子）

［参考文献］

1　国立教育政策研究所教育課程研究センター．「指導と評価の一体化」のための学習評価に関する参考資料　中学校技術・家庭．2020年６月．

2　筒井恭子編著．中学校技術・家庭科　家庭分野　１人１台端末を活用した授業づくり．明治図書．2022年11月．

3 学習評価についてのQ＆A

Q 「知識・技能」の評価に当たっての留意点は何ですか？

A この観点は，家庭分野の目標の(1)と関わっており，学習過程を通した個別の知識及び技能の習得状況について評価するとともに，それらを既有の知識及び技能と関連付けたり活用したりする中で，概念等として理解したり，技能を習得したりしているかについて評価します。なぜ，そのようにするのか，手順の根拠など，技能の裏づけとなる知識を確実に身に付け，学習過程において学習内容の本質を深く理解するための概念の形成につながるようにすることを重視したものです。また，基礎的・基本的な知識及び技能を身に付けるだけではなく，それらを活用する中で，新しい知識を獲得するなど，知識の理解の質を高めることを目指したものです。したがって，「知識」については，家族・家庭の基本的な機能について理解しているか，生活の自立に必要な家族や家庭，衣食住，消費や環境などに関する基礎的・基本的な知識を身に付けているかなどについて評価するとともに，概念等の理解につながっているかを評価する方法についても検討し，指導の改善につなげることが大切です。

「技能」についても同様に，一定の手順や段階を追って身に付く個別の技能だけではなく，それらが自分の経験や他の技能と関連付けられ，状況や課題に応じて主体的に活用できる技能として身に付いているかについて評価することに留意する必要があります。なお，「技能」については，例えば，調理など，生徒の生活経験が影響する場合も考えられることから，実習等においては，それらにも配慮して適切に評価することが求められます。

Q 「思考・判断・表現」の評価に当たっての留意点は何ですか？

A この観点は，これまでの「生活を工夫し創造する能力」の趣旨を踏まえたものですが，目標の(2)に示した一連の学習過程を通して，習得した「知識及び技能」を活用して思考力，判断力，表現力等を育成し，課題を解決する力が身に付いているかについて評価します。具体的には，①家族・家庭や地域における生活の中から問題を見いだし，解決すべき課題を設定しているか，②解決の見通しをもって計画を立てる際，生活について多角的に捉え，解決方法を検討し，計画，立案しているか，③課題の解決に向けて実践した結果を評価・改善しているか，④計画や実践について評価・改善する際に，考察したことを理論的に表現しているかなどについて評価するものです。従前の「生活を工夫し創造する能力」の観点においても課題の解決を目指すその過程での思考や工夫を評価することとしていましたが，知識及び技能を活用して自分なりに工夫しているかについて評価することに重点を置く傾向が見られました。今回の改善では，例えば，日常の１食分の調理について，生徒が考えたり工夫し創造したりしたことについて評価するだけではなく，それに向けて課題をもち，食品の選択や調理の仕方などを考え，調理計画を工夫し，実践を評価・改善するまでのプロセスについて評価することに留意する必要があります。

Q 「指導に生かす評価」，「記録に残す評価」を行う場面の設定や評価方法の検討に当たっての留意点は何ですか？

A 総括の資料とするための生徒全員の学習状況を把握する「記録に残す評価」を行う場面を精選するとともに，「努力を要する」状況（C）と判断される生徒への手立てを考える「指導に生かす評価」を行う場面の設定や評価方法について検討することが大切です。

例えば，ハンバーグステーキ（以下ハンバーグ）の調理の題材で考えてみましょう。

「知識・技能」においては，調理実習を二回取り入れ，一回目は「指導に生かす評価」，二回目は「記録に残す評価」とすることが考えられます。一回目は，調理の動画を視聴し，ひき肉のこね方や成形の仕方，焼き方についてなぜそのようにするのかを考え，試し調理を行い，調理の仕方についてまとめます。そして，技能の根拠となる知識が身に付いているかどうかを確認テストで評価します。

確認テストの作成に当たっては，学習指導要領解説で，肉の加熱調理における指導すべき事項を確認することが大切です。「努力を要する」状況（C）と判断される生徒には，試し調理を振り返って個別に指導をすることが考えられます。つまり，「指導に生かす評価」では，全ての生徒の記録を残すのではなく，「努力を要する」状況（C）と判断される生徒について記録し，手立てを行うことが重要です。

「記録に残す評価」では，生徒全員の学習状況について記録し，評価します。実習中に全ての生徒を観察し，評価することは難しい場合があります。その場合は，教師の行動観察と同じ項目で生徒がペアやグループで相互評価し，その結果を参考にすることが考えられます。その際，調理の様子を１人１台端末を活用し，写真を撮影したり，動画として記録したりすることも考えられます。

「思考・判断・表現」においては，調理計画を二回取り入れることが考えられます。一回目のハンバーグと付け合わせの調理計画を「指導に生かす評価」，二回目のハンバーグランチの調理計画を「記録に残す評価」とし，食品の選択や調理の仕方について考え，工夫しているかどうかを評価することが考えられます。また，家庭で実践するための調理計画を「記録に残す評価」とすることも考えられます。

（筒井　恭子）

第2章

「主体的に学習に取り組む態度」の学習評価の具体例

モデル事例の構成・特徴

第１章では，指導と評価がどう変わったのか，家庭分野で育成する資質・能力と学習評価，主体的・対話的で深い学びの視点からの授業改善と「主体的に学習に取り組む態度」の評価について解説しました。

第２章では，全国の先生方による10のモデル事例を紹介しています。

各事例は，８ページで構成されています。１～３ページは，題材の目標や評価規準，指導と評価の計画について示しています。４・５ページは，「主体的に学習に取り組む態度」をどのように評価するのかについて，評価規準①，②，③に沿って示しています。６ページには本時の展開例，７・８ページには，本時で扱う全ての評価規準における具体的な評価の例を示しています。その際，評価規準については，観点ごとに次のように省略形で示しています。

知識・技能 → 知・技

思考・判断・表現 → 思

主体的に学習に取り組む態度 → 態

モデル事例の特徴は，次に示すとおりです。

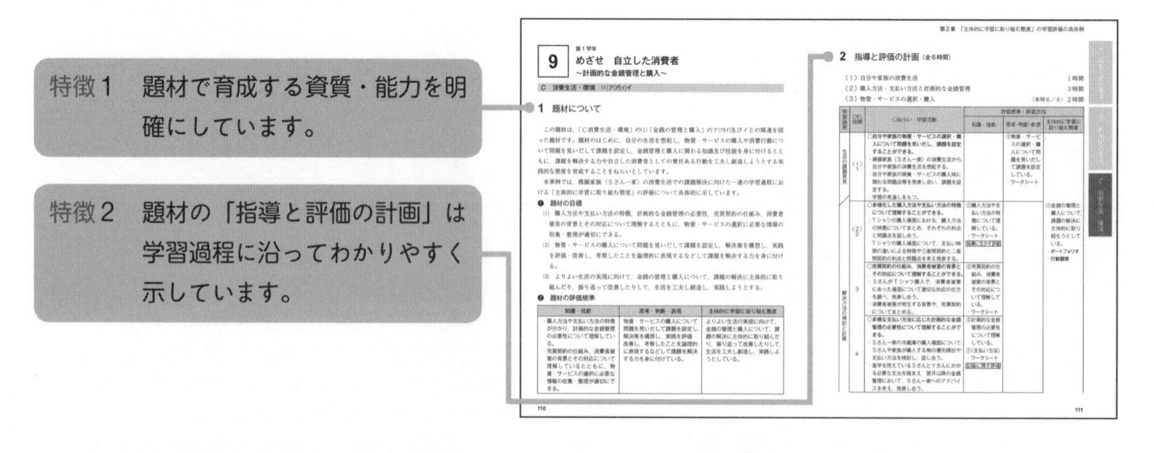

特徴３　本題材の「主体的に学習に取り組む態度」の評価について解説しています。

特徴４　「主体的に学習に取り組む態度」の評価について，評価規準ごとに具体的な評価方法や評価の例を示しています。

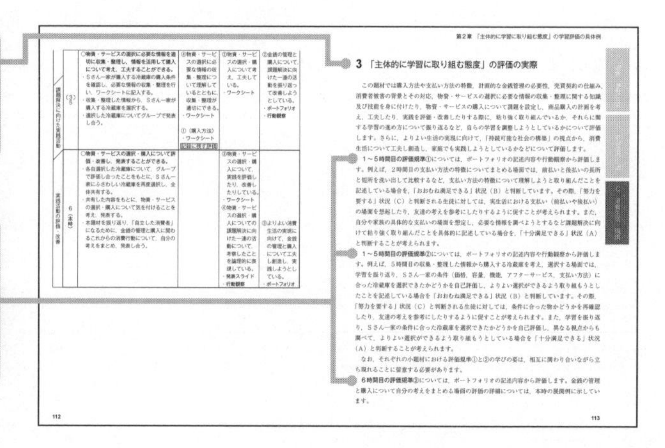

なお，各事例で取り上げた「主体的に学習に取り組む態度」の評価場面における評価規準及び学習過程は，表のとおりです。

表 各事例で取り上げた「主体的に学習に取り組む態度」の評価場面

評価場面＼事例	1	2	3	4	5	6	7	8	9	10
1 態①（知・技）実習	○		○	○			●		○	○
2 態①（思①②）課題・計画		○			●	○		○		
3 態②（知・技）実習			○	●						
4 態②（思②） 計画		●	●			○	○	○	○	●
5 態②（思③） 評価・改善	●				○	○				
6 態③（思③） 評価・改善					○		○			○
7 態③（思③④）評価・改善，発表		○						●	●	
8 態③（思④） 発表	○		○	○		●				

●は本時（6～8ページ），○はその他の時間（4・5ページ）

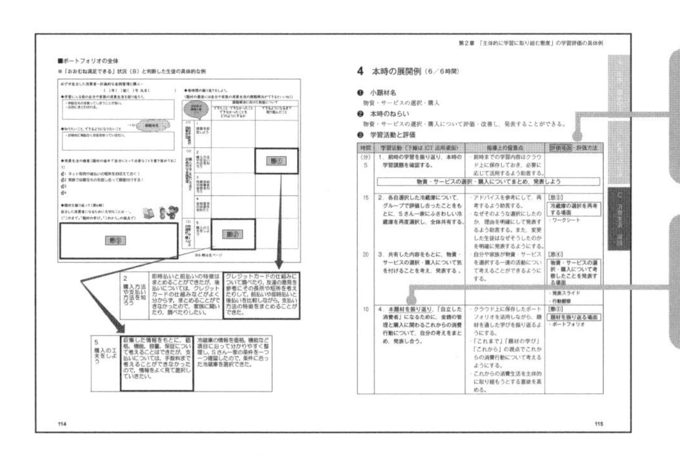

特徴5 「本時の展開例」では，評価場面を明確にし，評価規準，評価方法を示しています。

特徴6 ICT（1人1台端末）を効果的に活用できる場面を下線で示しています。

特徴7 本時の評価規準について，具体的な評価方法や判断の基準などを示しています。

特徴8 評価方法ごとに，生徒の具体的な記述例を示しています。

（筒井 恭子）

1 第3学年 幼児とよりよく関わるために
～自分の成長を振り返り，これからの生活を考える～

A　家族・家庭生活　(1)ア，(2)ア(ア)(イ)イ

1　題材について

本題材は，「A家族・家庭生活」の(1)「自分の成長と家族・家庭生活」ア，(2)「幼児の生活と家族」ア(ア)(イ)及びイとの関連を図った題材です。題材のはじめに，自分の幼い頃を振り返ることで，幼児の生活と家族について，課題をもって，幼児の発達と生活，幼児との関わり方に関する基礎的・基本的な知識を身に付け，それを支える家族の役割や遊びの意義について理解し，幼児との関わり方を考え，工夫し創造しようとする実践的な態度を育成することをねらいとしています。

本事例では，幼児とのよりよい関わり方について考える題材を通した課題解決に向けた一連の学習活動における「主体的に学習に取り組む態度」の評価について具体的に示しています。

❶　題材の目標

(1)　自分の成長と家族や家庭生活との関わり，幼児の発達と生活の特徴，子供が育つ環境としての家族の役割，幼児にとっての遊びの意義，幼児との関わり方について理解する。

(2)　幼児との関わり方について，問題を見いだして課題を設定し，解決策を構想し，実践を評価・改善し，考察したことを論理的に表現するなどして課題を解決する力を身に付ける。

(3)　家族や地域の人々と協働し，よりよい生活の実現に向けて，幼児の生活と家族について，課題の解決に主体的に取り組んだり，振り返って改善したりして，生活を工夫し創造し，実践しようとする。

❷　題材の評価規準

知識・技能	思考・判断・表現	主体的に学習に取り組む態度
・自分の成長と家族や家庭生活との関わりについて理解している。 ・幼児の発達と生活の特徴が分かり，子供が育つ環境としての家族の役割について理解している。 ・幼児にとっての遊びの意義や幼児との関わり方について理解している。	幼児との関わり方について問題を見いだして課題を設定し，解決策を構想し，実践を評価・改善し，考察したことを論理的に表現するなどして課題を解決する力を身に付けている。	家族や地域の人々と協働し，よりよい生活の実現に向けて，幼児の生活と家族について，課題の解決に主体的に取り組んだり，振り返って改善したりして，生活を工夫し創造し，実践しようとしている。

2　指導と評価の計画（全12時間）

〔1〕幼い頃と今の自分　1時間
〔2〕幼児の発達と生活【心身の発達・大人の役割・遊びの重要性】　5時間
〔3〕幼児との関わり方の工夫　（本時11／12）6時間

学習過程	〔次〕時間	○ねらい・学習活動	評価規準・評価方法		
			知識・技能	思考･判断･表現	主体的に学習に取り組む態度
生活の課題発見	〔1〕 1	**○自分の成長と家族や家庭生活との関わりについて理解するとともに，幼児との関わり方について問題を見いだし，課題を設定することができる。** ・誕生から今までを振り返り，記憶に残っていることを思い出す。 ・幼児と触れ合った経験がある場合は，困ったこと等から幼児との関わり方についての問題を見いだし，課題を設定し，学習の見通しをもつ。 ・題材を通しての問い「どうすれば幼児とよりよく関わることができるだろうか」について今の自分の考えを記入する。	①自分の成長と家族や家庭生活との関わりについて理解している。 ・ワークシート	①幼児との関わり方について問題を見いだして課題を設定している。 ・ワークシート	①幼児の生活と家族について課題の解決に主体的に取り組もうとしている。 ・振り返りシート ・行動観察
生活の課題発見 解決方法の検討と計画	〔2〕 2・3・4・5・6	**○幼児の身体の発育や運動機能の発達の特徴について理解することができる。** ・人形を抱っこしてみたり，写真，映像等を視聴したりして，幼児の身体の発育の特徴について考える。 **○幼児の言語，認知，情緒，社会性などの発達について理解することができる。** ・保育園での様子を視聴し，幼児の気持ちを考えることで，情緒や社会性の発達についてまとめる。 ・絵本の読み聞かせの様子を視聴し，言語の発達の特徴についてまとめる。 ・日常の生活場面で幼児の言動を考えることで認知の特徴についてまとめる。 **○幼児の生活の特徴や子供が育つ環境としての家族の役割について理解することができる。** ・生活習慣について理解し，親や周囲の大人がどのように関わればよいかを知り，適切な時期と方法を考えて身に付けさせる必要があることをまとめる。	②幼児の身体の発育や運動機能の発達の特徴を理解している。 ・ワークシート ③幼児の言語，認知，情緒，社会性などの発達について理解している。 ・ワークシート ④幼児の生活の特徴や子供が育つ環境としての家族の役割について理解している。 ・ワークシート		

		○幼児にとっての遊びの意義について理解することができる。 ・自分が幼い頃にどんな遊びをしていたか，なぜその遊びが好きだったのかを思い出す。 ・幼児にとっての遊びは生活そのものであり，身体の発育や運動機能，言語，認知，情緒，社会性などの発達を促すこと，成長に応じて友達と関わりながら遊ぶことの大切さについて気付く。	⑤幼児にとっての遊びの意義について理解している。 **・ワークシート** **・行動観察**		
	〔3〕 7	**○幼児との関わり方について理解することができる。** ・幼児の発達や生活の特徴の学習を思い出し，幼児に応じてどのような関わり方がふさわしいかを考える。	⑥幼児との関わり方について理解している。 **・ワークシート**		
課題解決に向けた実践活動	8・9・10	**○幼児との触れ合い体験を通して，幼児との関わり方を工夫することができる。** ・既習事項を思い出し，自分がどのように幼児と関わりたいかを想定する。そして，そのためにどんなことを知りたいか，どんなことを疑問に思うかなど，幼児の触れ合い体験に関する課題を設定する。 ・グループごとに触れ合い体験の実践計画を立てる。 〈幼児との触れ合い体験〉（２時間） ・幼児やその保育に関わる人（保育士や保護者等）を学校に招き，幼児を観察したり，絵本を読んだり，外遊びをしたりして一緒に触れ合う。 ・保育士等に教えてもらいながら，幼児のお世話を体験する。 ・自分が設定した課題について，保育士等に質問をし，聞き取ったことをまとめる。		②幼児との関わり方について考え，工夫している。 **・ワークシート** **・行動観察**	
実践活動の評価・改善	11（本時）	**○幼児との触れ合い体験を振り返り，実践したことをまとめて発表したり，評価・改善したりすることができる。** ・触れ合い体験を振り返り，実践後のワークシートに，「うまく関われたこと」「うまく関われなかったこと」など，自分にとっての成果や課題などをまとめる。 ・自分の振り返りをグループや全体で発表し合う。 ・他の生徒からの気付きをまとめる。		③幼児との関わり方について，実践を評価したり改善したりしている。 **・ワークシート** **・行動観察**	②幼児の生活と家族について課題解決に向けた一連の活動を振り返って改善しようとしている。 **・振り返りシート** **・行動観察**
		○幼児とのこれからの関わり方について考え，まとめることができる。 ・学習を振り返り，題材を通しての問い		④幼児との関わり方についての課題解決に	③よりよい生活の実現に向け

	12	「どうすれば幼児とよりよく関わることができるだろうか」に対しての，今の自分の考えを記入し，提案する。		向けた一連の活動について，考察したことを論理的に表現している。 ・ワークシート ・行動観察	て，幼児の生活と家族について工夫し創造し，実践しようとしている。 ・振り返りシート

3 「主体的に学習に取り組む態度」の評価の実際

この題材では，自分の成長と家族や家庭生活との関わり，幼児の発達と生活の特徴，子供が育つ環境としての家族の役割，幼児にとっての遊びの意義，幼児との関わり方に関する基礎的・基本的な知識を身に付けたり，幼児とよりよく関わるために幼児との触れ合い体験の計画を考え，工夫したり，実践を評価・改善したりする際に，粘り強く取り組んでいるか，それらに関する学習の進め方について振り返るなど，自らの学習を調整しようとしているかについて評価します。さらに，よりよい生活の実現に向けて，「協力・協働」の視点から，家族や地域の人々と協働して幼児とのよりよい関わり方を工夫し創造し，実践しようとしているかなどについて評価します。

2～7時間目の評価規準①については，ポートフォリオ形式の振り返りシートの記述内容や行動観察から評価します。例えば，6時間目の幼児にとっての遊びについての基礎的・基本的な知識を身に付ける場面では，課題解決に向けて必要なことを身に付けて自分なりに解決しようと粘り強く考えている場合を「おおむね満足できる」状況（B）と判断しています。その際，「努力を要する」状況（C）と判断される生徒に対しては，幼児の発達と生活の特徴についてまとめた資料を確認したり，他の生徒の考えを参考にしたりするように促すことが考えられます。また，他の生徒の考えも生かしながら，自分ならどうすればよいかを具体的に考えようとしている場合を，「十分満足できる」状況（A）と判断することが考えられます。

8～11時間目の評価規準②についても，振り返りシートの記述内容や行動観察から評価します。例えば，11時間目の幼児との触れ合い体験を振り返り，自分の考えを整理する場面の詳細については，本時の展開例に示しています。なお，評価規準①と②の学びの姿は，相互に関わり合いながら立ち現れることに留意する必要があります。

12時間目の評価規準③については，振り返りシートの記述内容から評価します。題材を振り返る場面では，これまでの学習内容を踏まえて，幼児の発達や生活についての特徴を生かし，よりよい生活の実現に向けて，幼児との関わり方について工夫し創造し，実践しようとしている場合を「おおむね満足できる」状況（B）と判断しました。その際，「努力を要する」状況（C）と判断される生徒に対しては，他の生徒の意見も参考にしてこれから自分にどんなことができそうかを考えるよう促すことが考えられます。また，今までの自分の関わり方を振り返り，幼児との関わり方についての新たな課題を見付けるとともに，これからの生活にどのように生かすのかを具体的に記述している場合を，「十分満足できる」状況（A）と判断することが考えられます。

■振り返りシート

※「おおむね満足できる」状況（B）と判断した生徒の具体的な例

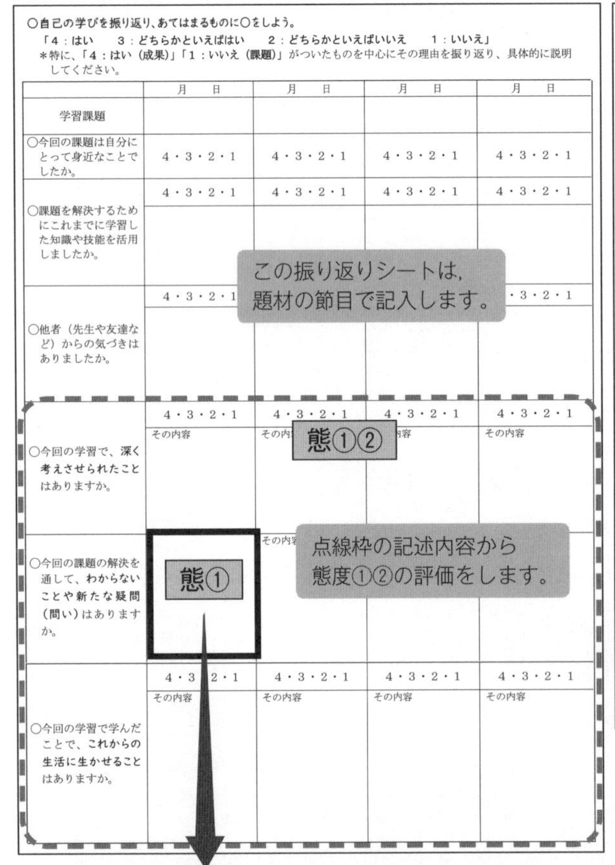

○自己の学びを振り返り、あてはまるものに○をしよう。
「4：はい　3：どちらかといえばはい　2：どちらかといえばいいえ　1：いいえ」
＊特に、「4：はい（成果）」「1：いいえ（課題）」がついたものを中心にその理由を振り返り、具体的に説明してください。

	月　日	月　日	月　日	月　日
学習課題				
○今回の課題は自分にとって身近なことでしたか。	4・3・2・1	4・3・2・1	4・3・2・1	4・3・2・1
○課題を解決するためにこれまでに学習した知識や技能を活用しましたか。	4・3・2・1	4・3・2・1	4・3・2・1	4・3・2・1
○他者（先生や友達など）からの気づきはありましたか。	4・3・2・1			・3・2・1
○今回の学習で、深く考えさせられたことはありますか。	4・3・2・1 その内容	4・3・2・1 その内	4・3・2・1 内容	4・3・2・1 その内容
○今回の課題の解決を通して、わからないことや新たな疑問（問い）はありますか。		その内容		
○今回の学習で学んだことで、これからの生活に生かせることはありますか。	4・3・2・1 その内容	4・3・2・1 その内容	4・3・2・1 その内容	4・3・2・1 その内容

身内に幼児がいるが，どんな絵本なら興味をもってくれるのかなと思っていた。発達に合わせた絵本の読み方などもあるのか詳しく調べてみたいと思う。

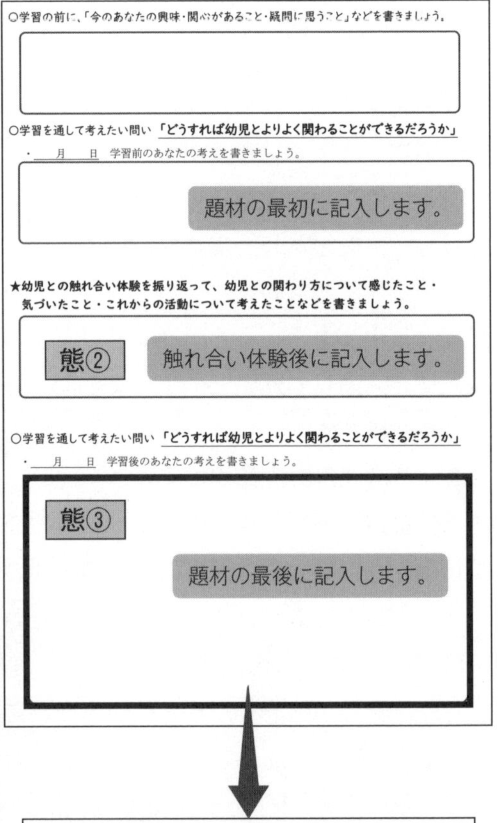

○学習の前に、「今のあなたの興味・関心があること・疑問に思うこと」などを書きましょう。

○学習を通して考えたい問い　「どうすれば幼児とよりよく関わることができるだろうか」
・　月　日　学習前のあなたの考えを書きましょう。

★幼児との触れ合い体験を振り返って，幼児との関わり方について感じたこと・気づいたこと・これからの活動について考えたことなどを書きましょう。

○学習を通して考えたい問い　「どうすれば幼児とよりよく関わることができるだろうか」
・　月　日　学習後のあなたの考えを書きましょう。

幼児の成長には，発達の順番があったり，できることにも違いがあったりします。何歳になったら，どんなことができるようになるとかというのは，目安として把握しておき，目の前にいる幼児の発達や興味があることなどに合わせて，臨機応変に関わり方を工夫する必要があると思います。個性を大切にしてあげたいです。

4 本時の展開例（11／12時間）

❶ 小題材名

幼児との関わり方の工夫

❷ 本時のねらい

幼児との触れ合い体験を振り返り，実践したことをまとめて発表したり，評価・改善したりすることができる。

❸ 学習活動と評価

時間	学習活動（下線はICT活用場面）	指導上の留意点	評価場面・評価方法
（分） 10	1．幼児との触れ合い体験の様子を全体で振り返る。 2．本時の学習課題を確認する。	・幼児と触れ合っている様子や保育士等と話している様子などの写真を提示して，触れ合い体験をしていた時の気持ちを思い出せるようにする。	
	幼児との触れ合い体験では，幼児との関わり方を工夫できただろうか		
15	3．自分の幼児との触れ合い体験を振り返り，「どんなことをしたか」「うまく関われたこと」「うまく関われなかったこと」などを書き出し，自分の実践の評価・改善をする。	・どのようにして対象児と関わったのか，「うまく関われた例」「うまく関われなかった例」をあげるだけでなく，「なぜだと思うか」についても記入できるワークシートを用意して，自分の関わり方について整理できるようにする。	［思③］ 幼児との触れ合い体験を振り返り，自分の実践を評価・改善する場面 ・ワークシート ・行動観察
20	4．自分の振り返った内容について，発表し合う。 ・グループ→全体 5．他の生徒の発表を聞いて，幼児と触れ合うために工夫していると感じたことや，参考にしたいことなどの気付きをまとめる。	・幼児とどのように関わったかについての情報を全体で共有し，個々の気付きを他の生徒と伝え合うことで，幼児の発達段階に応じた関わり方を考えることの大切さに気付けるようにする。	［態②］ 他の生徒との交流を踏まえて，学習したことを整理する場面
5	6．本時の振り返りをする。 ・振り返りシートに，学習したことを整理することで，幼児とのよりよい関わり方についての自分の考えをもつ。	・考えが深まったことや，改善したいことなどを整理させることで，学んだことを自覚し，今後の活動につなげられるようにする。	・振り返りシート ・行動観察

❹ 学習評価の工夫

本時の**「思考・判断・表現」の評価規準③**については，幼児との触れ合い体験を振り返って，自分の実践を評価・改善する場面において，ワークシートの記述内容や発表の様子から評価します。幼児との触れ合い体験を振り返るワークシートには，「うまく関われたこと」や「うまく関われなかったこと」を書き出すだけでなく，「なぜだと思うか」についても記入できるようにします。こうすることで，どのように幼児と触れ合ったのか，うまく関われなかったときはどうすればよかったのかなど，自分の幼児との関わり方を振り返り，評価・改善することができます。

生徒Ｙは，対象とする２歳児に絵本を読んだ場面を振り返り，自分の絵本の読み方では幼児が興味を示してくれなかったことから，他の生徒の幼児への関わり方を参考に，どこを改善したらよかったかを考え，改善策を記述していることから「おおむね満足できる」状況（Ｂ）と判断しました。その際，「努力を要する」状況（Ｃ）と判断される生徒に対しては，学習した幼児の発達の特徴を対象児と照らし合わせて自分の関わり方を振り返ったり，他の生徒の関わり方を参考にしたりして，考えることができるように促すことが考えられます。

■ワークシートの一部　生徒Ｙ

※「おおむね満足できる」状況（B）と判断した生徒の具体的な例

○うまく関われなかったこと

・対象児：２歳の○○ちゃん
「いないいないばあ」の絵本を一緒に読みました。
読んであげていたけれど，○○ちゃんは，絵本を最後のページから読みたがったので，お話の通りに読むことが難しかったです。

⇨

○なぜだと思う？

○○ちゃんは，すぐに最後のページから読もうとしていたので，絵本を後ろから読むというのが○○ちゃんにとっては楽しい読み方だったのかもしれない。他に絵本を読んでいたペアは，幼児に本をめくってもらって，そのページを読んでいたので，そうすればよかった。
今度，幼児に絵本を読んであげるときは，絵本は前から読むと決めつけて最初から読むことにこだわらず，幼児に合わせて一緒に読むなどして，幼児が楽しめるようにしたい。

思③

「主体的に学習に取り組む態度」の評価規準②については，他の生徒との交流を踏まえて，学習したことを整理する場面において，自分の幼児との触れ合い体験を適切に自己評価したり，関わり方を改善しようと取り組んでいるかを，振り返りシートの記述内容や行動観察から評価します。

生徒Oは，最初に対象とする幼児と思っていたようにうまく関わることができずにいましたが，常に対象とする幼児に寄り添い，幼児をよく観察したり，関わり方を変えてみたりして，触れ合う様子が確認できました。そうして学習に取り組んでいた様子が記述できていることから，「おおむね満足できる」状況（B）と判断しました。その際，「努力を要する」状況（C）と判断される生徒に対しては，ワークシートに記述した「うまく関われたこと」や「うまく関われなかったこと」の内容を確認したり，他の生徒の考えを参考にしたりするように促します。

また，ここでは，改善に向けて取り組んだことのみが記述されていましたが，幼児の発達段階を踏まえて見通しをもって関わることや，他の生徒との交流を通して得た気付きを踏まえて，自分の関わり方を振り返り，関わり方を改善するなど，具体的な方法を考え生かそうとしている場合を「十分満足できる」状況（A）と判断します。

■振り返りシートの一部　生徒O

★幼児との触れ合い体験を振り返って，幼児の関わり方について感じたこと・気づいたこと・これからの活動について考えたことなどを書きましょう。

最初は，自分の気持ちが伝わらずに悲しかったけれど，〇〇くんが楽しそうな顔をしたのはどんな時かを観察したり，散歩したそうだったら，外に連れて行ってあげて一緒に散歩したりして，ずっと一緒に過ごしていると，最後の方になって〇〇くんから手を差し出してくれた。幼児の目線に合わせて気持ちを読み取ってあげたら，上手に関われるんだと分かった。

態②

※「十分満足できる」状況（A）と判断した生徒の具体的な例

……（中略），最後の方になって〇〇くんから手を差し出してくれた。3歳くらいになると，何をして遊びたいかという自分の思いをもっているので，幼児の気持ちを読み取ってあげることが大切だと分かった。また，言葉で話せる場合もあるので，何がしたいか幼児の声を聞いてあげることも大切だと思った。その子に寄り添うということを大切にしたら，幼児と上手に関われるんだと分かった。

（福家　亜希子）

第３学年

2 未来へつなげ地域の絆
～「ふれあいまつり」を通して～

A　家族・家庭生活　(3)ア(イ)イ

1　題材について

この題材は，「Ａ家族・家庭生活」の(3)「家族・家庭や地域との関わり」アの(イ)及びイとの関連を図っています。高齢者など地域の人々と関わり，協働する方法について課題を設定し，「協力・協働」の視点から，家庭生活と地域との相互の関わり，高齢者など地域の人々との協働に関する知識を身に付けるとともに，課題を解決する力や，地域の人々との関わり方を工夫し創造しようとする実践的な態度を育成することをねらいとしています。

本事例では，地域行事「ふれあいまつり」での課題解決に向けた一連の学習過程における「主体的に学習に取り組む態度」の評価について具体的に示しています。

❶　題材の目標

(1)　家庭生活は地域との相互の関わりで成り立っていることが分かり，高齢者など地域の人々と協働する必要があることや介護など高齢者との関わり方について理解する。

(2)　高齢者など地域の人々と関わり，協働する方法について問題を見いだして課題を設定し，解決策を構想し，実践を評価・改善し，考察したことを論理的に表現するなどして課題を解決する力を身に付ける。

(3)　地域の人々と協働し，よりよい生活の実現に向けて，地域の人々との関わりについて，課題の解決に主体的に取り組んだり，振り返って改善したりして，生活を工夫し創造し，実践しようとする。

❷　題材の評価規準

知識・技能	思考・判断・表現	主体的に学習に取り組む態度
家庭生活は地域との相互の関わりで成り立っていることが分かり，高齢者など地域の人々と協働する必要があることや介護など高齢者との関わり方について理解している。	高齢者など地域の人々と関わり，協働する方法について問題を見いだして課題を設定し，解決策を構想し，実践を評価・改善し，考察したことを論理的に表現するなどして課題を解決する力を身に付けている。	地域の人々と協働し，よりよい生活の実現に向けて，地域との関わりについて，課題の解決に主体的に取り組んだり，振り返って改善したりして，生活を工夫し創造し，実践しようとしている。

2 指導と評価の計画（全6時間）

〔1〕家庭生活と地域との関わり方を考えよう　2時間
〔2〕高齢者との関わり方を考えよう　1時間
〔3〕地域の人々と「ふれあいまつり」を計画しよう　（本時4・5／6）3時間

学習過程	〔次〕時間	○ねらい・学習活動	評価規準・評価方法		
			知識・技能	思考･判断･表現	主体的に学習に取り組む態度
生活の課題発見	〔1〕1	**○自分が住んでいる地域の特性を踏まえ，家庭生活は地域との相互の関わりで成り立っていることが分かり，高齢者など地域の人々と協働する必要性があることを理解することができる。** ・「地域と中学生とのつながり」について地域の人による講話を聞く。 ・自分が住んでいる地域の特性や家庭生活と地域との関わりについて話し合う。	①家庭生活は地域との相互の関わりで成り立っていることが分かり，高齢者など地域の人々と協働する必要があることを理解している。 ・ワークシート		①高齢者など地域の人々との関わりについて，課題の解決に主体的に取り組もうとしている。 ・ポートフォリオ ・行動観察
	2	**○「ふれあいまつり」で高齢者など地域の人々と関わり，協働する方法について問題を見いだして課題を設定することができる。** ・地域行事の映像や前時の地域の人による講話をもとに，地域の人々との関わりについて考える。 ・「ふれあいまつり」で高齢者など地域の人々と関わり，協働する方法について問題を見いだし，意見交流しながら課題を設定する。 〈問題点の例〉 ・まつりスタッフの高齢化が進み，中学生の協力が必要である。 ・幼児から高齢者までが楽しめる工夫が必要である。 ・会場が広いので，分かりやすい会場案内が必要である。　など 〈課題の例〉 まつりスタッフと協働して， ・三世代で楽しめる安全なフリースペースをつくろう。 ・誰にでも分かりやすい会場案内をしよう。　など ・学習の見通しをもつ。		①「ふれあいまつり」で高齢者など地域の人々と関わり，協働する方法について問題を見いだして課題を設定している。 ・ワークシート	

解決方法の検討と計画	〔2〕 3	**○高齢者の身体の特徴を踏まえた関わり方について理解することができる。** ・体験的な活動を通して高齢者の身体の特徴や介助の方法についてまとめる。 〈体験的な活動〉 ・高齢者疑似体験用具（耳栓・ゴーグル・軍手・おもりなど）を活用し，筋力・視力・聴力などの低下を体験する。 ・ペアで立ち上がりや歩行の介助を体験する。	②介護など高齢者との関わり方について理解している。 ・ワークシート		
課題解決に向けた実践活動	〔3〕 4・5（本時）	**○「ふれあいまつり」で，高齢者など地域の人々と関わり協働するための実践計画を工夫することができる。** ・グループで「ふれあいまつり」の実践計画を考える。 ・各グループの実践計画を発表し合い，意見交流する。 ・友達やまつりスタッフからのアドバイスをもとに実践計画を検討する。		②「ふれあいまつり」で，高齢者など地域の人々と関わり，協働する方法についての実践計画を考え，工夫している。 ・ワークシート ・行動観察	②高齢者など地域の人々との関わりについて，課題解決に向けた一連の活動を振り返って改善しようとしている。 ・ポートフォリオ ・行動観察
	地域での実践				
実践活動の評価・改善	6	**○「ふれあいまつり」の実践について発表し合い，評価・改善することができる。** ・各グループの「ふれあいまつり」の実践を発表し合う。 ・他のグループの発表を参考にして，グループの実践を評価・改善する。 ・高齢者など地域の人々とのよりよい関わり方や協働する方法についてまとめる。 ・題材を振り返る。		④「ふれあいまつり」についての課題解決に向けた一連の活動について，考察したことを論理的に表現している。 ・行動観察 ・ワークシート ③「ふれあいまつり」の実践を評価したり，改善したりしている。 ・ワークシート	③高齢者など地域の人々との関わりについて工夫し創造し，実践しようとしている。 ・ポートフォリオ

3 「主体的に学習に取り組む態度」の評価の実際

この題材では，家庭生活と地域との関わりや高齢者など地域の人々との協働に関する知識を身に付けたり，「ふれあいまつり」の課題を設定し，実践計画を考え，工夫したり，実践を評価・改善したりする際に，粘り強く取り組んでいるか，それらに関する学習の進め方について振り返るなど，自らの学習を調整しようとしているかについて評価します。さらに，よりよい生活の実現に向けて，「協力・協働」の視点から，高齢者など地域の人々との関わりについて工夫し創造し，地域で実践しようとしているかなどについて評価します。

１～３時間目の評価規準①については，ポートフォリオの記述内容や行動観察から評価します。例えば，２時間目の高齢者など地域の人々と関わり，協働するための課題を設定する場面では，「協力・協働」の視点から，「ふれあいまつり」の問題を見いだして課題を考え，他の生徒と意見交流しながら適切な課題を設定しようとしている場合を，「おおむね満足できる」状況（B）と判断しています。その際，「努力を要する」状況（C）と判断される生徒に対しては，地域の人の講話内容を確認したり，他の生徒の意見を参考にしたりするように促すことが考えられます。また，「ふれあいまつり」の具体的な場面を想定し，問題を見いだして，他の生徒と意見交流しながら，その理由を明確にして適切な課題を設定しようとしている場合を，「十分満足できる」状況（A）と判断することが考えられます。

４・５時間目の評価規準②については，ポートフォリオの記述内容や行動観察から評価します。例えば，４・５時間目の「ふれあいまつり」の実践計画を考え，工夫する場面の詳細については，本時の展開例に示しています。

なお，評価規準①と②の学びの姿は，相互に関わり合いながら立ち現れることに留意する必要があります。

６時間目の評価規準③については，ポートフォリオの記述内容から評価します。題材を振り返り，これからの地域との関わりについて展望する場面では，今までに学んだ高齢者など地域の人々と関わり協働する方法を生かし，よりよい生活の実現に向けて，工夫し創造し，実践しようとしている場合を，「おおむね満足できる」状況（B）と判断しています。その際，「努力を要する」状況（C）と判断される生徒に対しては，ポートフォリオで学習の振り返りをしたり，他の生徒の意見を参考にしたりするように促すことが考えられます。また，高齢者など地域の人々と関わり協働する方法について新たな課題を見付け，これからの活動について具体的に記述し実践しようとしている場合を，「十分満足できる」状況（A）と判断することが考えられます。

■ポートフォリオの一部

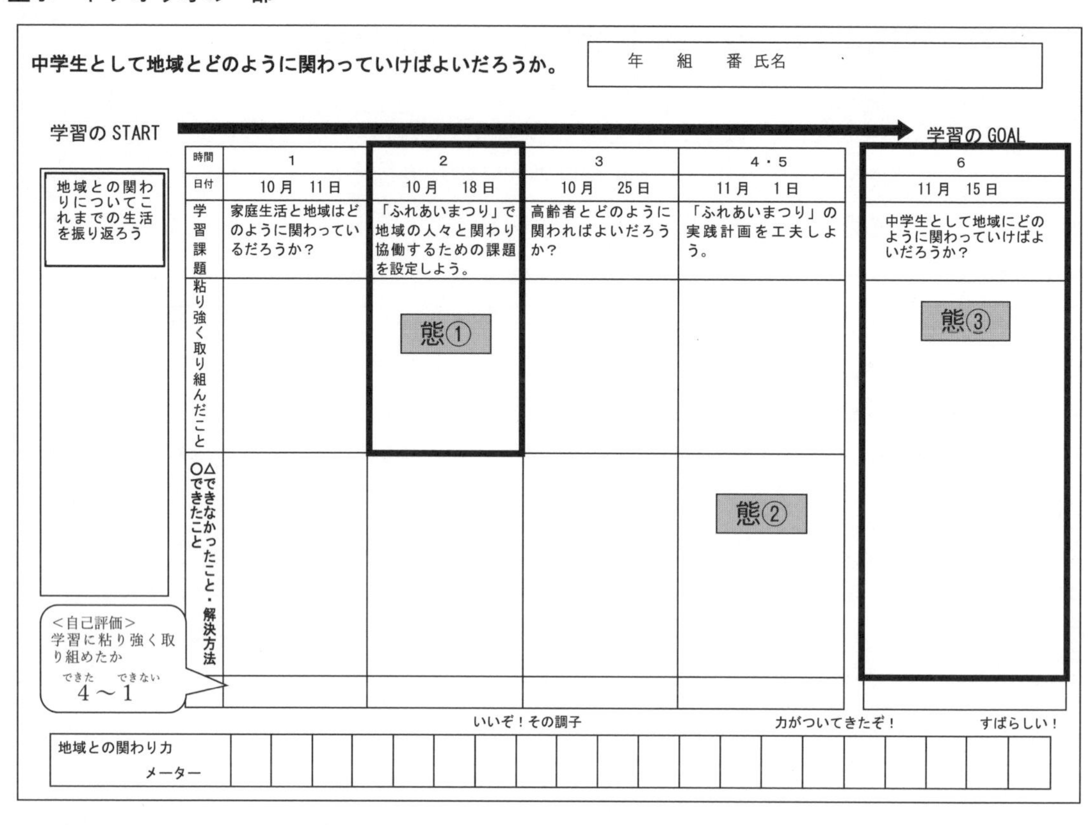

中学生として地域とどのように関わっていけばよいだろうか。

年　組　番 氏名

学習の START → 学習の GOAL

	時間	1	2	3	4・5	6
地域との関わりについてこれまでの生活を振り返ろう	日付	10月　11日	10月　18日	10月　25日	11月　1日	11月　15日
	学習課題	家庭生活と地域はどのように関わっているだろうか？	「ふれあいまつり」で地域の人々と関わり協働するための課題を設定しよう。	高齢者とどのように関わればよいだろうか？	「ふれあいまつり」の実践計画を工夫しよう。	中学生として地域にどのように関わっていけばよいだろうか？
	粘り強く取り組んだこと		態①			態③
	○△できたこと・できなかったこと・解決方法				態②	
＜自己評価＞学習に粘り強く取り組めたか　できた 4～1 できない						

いいぞ！その調子　　力がついてきたぞ！　　すばらしい！

地域との関わり力メーター

時間	2
日付	10月　18日
学習課題	「ふれあいまつり」で地域の人々と関わり協働するための課題を設定しよう。
粘り強く取り組んだこと	まつりに参加した経験や地域の人の講話から，まつりの問題点を考え，他のグループの意見を参考にしながら，よりよい課題になるように，グループで話し合った。

※「十分満足できる」状況（A）と判断した生徒の具体的な例

まつりに参加した経験や地域の人の講話，過去のまつりの映像より，幼児から高齢者まで三世代の参加を考えた課題になっているかをグループで検討し，課題を設定した。

6
11月　15日
中学生として地域にどのように関わっていけばよいだろうか？
今まで地域のことは家族に任せきりだったが，中学生は地域を支える側になれることが分かったので，これからは家族や友達を誘って行事に参加し，地域の力になりたい。

※「十分満足できる」状況（A）と判断した生徒の具体的な例

今まで地域のことは……分かったので，これからは奉仕作業や防災訓練等の行事に家族や友達を誘って参加し，地域の力になりたい。また，普段から近所の人に挨拶をしたり，回覧板を持って行ったりして，地域の絆を深めていきたい。

4 本時の展開例（4・5／6時間）

❶ 小題材名

地域の人々と「ふれあいまつり」を計画しよう

❷ 本時のねらい

「ふれあいまつり」で，高齢者など地域の人々と関わり協働するための実践計画を工夫することができる。

❸ 学習活動と評価

時間	学習活動（下線は ICT 活用場面）	指導上の留意点	評価場面・評価方法
（分） 10	1．本時の学習課題を確認する。	・本時の学習課題と学習の進め方を確認する。	
	「ふれあいまつり」の実践計画を工夫しよう		
40	2．六つのグループに分かれ，課題を確認し，実践計画を作成する。 〈グループの課題の例〉 ・まつりスタッフと協働して，三世代で楽しめる安全なフリースペースをつくろう　など	・計画のポイントを確認する。 ・高齢者など地域の人々との協働の工夫 ・高齢者との関わり方の工夫など ・既習事項を振り返り，実践活動が想起できるようにする。	［思②］ グループごとに「ふれあいまつり」の実践計画を立てる場面 ・ワークシート ・行動観察
20	3．<u>各グループの実践計画を全体で発表し合い，意見交流する。</u>	・発表では1人1台端末を活用する。	
20	4．友達やまつりスタッフからのアドバイスをもとに，実践計画を検討する。	・アドバイスの視点を確認する。 ・高齢者との関わり方の工夫を具体的に記入しているか　など	
10	5．本時の学習を振り返り，発表する。	・実践への意欲を高めるようにする。	［態②］ 本時の学習を振り返る場面 ・ポートフォリオ ・行動観察

❹ 学習評価の工夫

本時の**「思考・判断・表現」の評価規準②**については，「ふれあいまつり」の実践計画を考えたり，工夫したりする場面において，ワークシートの記述内容や行動観察から評価します。

生徒Kは，3時間目で学習した高齢者の身体の特徴を踏まえた関わり方に関する知識や，友達やまつりスタッフからのアドバイスを生かして，「協力・協働」の視点から実践計画を工夫していることから，「おおむね満足できる」状況（B）と判断しました。その際，「努力を要する」状況（C）と判断された生徒に対しては，既習事項及び高齢者の身体の特徴を確認したり，他の生徒のワークシートの記述内容を参考にしたりして，計画を工夫できるように配慮します。

■ワークシートの一部　生徒K　※「おおむね満足できる」状況（B）と判断した生徒の具体的な例

課題

まつりスタッフと協働して，三世代で楽しめる安全なフリースペースをつくろう

実践計画　　思②

具体的な取組	高齢者など地域の人々との協働の工夫 高齢者との関わり方の工夫
①ブルーシートを敷いて，子供が遊べるスペースを作り，おもちゃを置く。 今時のおもちゃ（カードゲームやブロック等）と，昔のおもちゃ（けん玉やお手玉等）を用意する。 ②三世代で来る家族が多いので，孫が遊んでいるのを見ながら休めるように，ブルーシートの周りにテントと椅子を置く。	・子供は元気なので，遊びの補助は中学生がするが，昔のおもちゃの遊び方のコツはまつりスタッフに教えてもらう。 ・高齢者が椅子を利用したり，ブルーシートに上がったりする時は危ないので，介助や声掛けをする。 ・テントや椅子等の準備や片付けは，まつりスタッフの指示を聞きながら，中学生がする。
アドバイスを参考に実践計画を検討しよう	
	〈具体的な介助方法〉 ・まつりスタッフとペアを組み，補助してもらいながら，中学生が主に行う。 ・声を掛けて確認してから行う。 ・介助される側のペースに合わせて行う。

■１人１台端末を活用した意見交流の実際

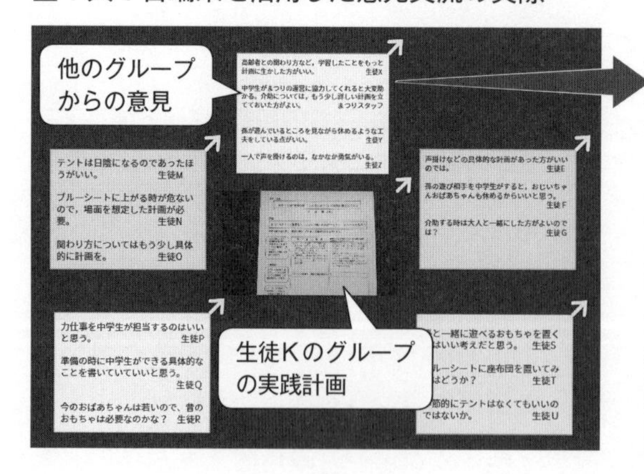

高齢者との関わり方など，学習したことをもっと計画に生かした方がいい。　生徒X

中学生がまつりの運営に協力してくれると大変助かる。介助については，もう少し詳しい計画を立てておいた方がよい。　まつりスタッフ

孫が遊んでいるところを見ながら休めるような工夫をしている点がいい。　生徒Y

一人で声を掛けるのは，なかなか勇気がいる。　生徒Z

「主体的に学習に取り組む態度」の評価規準②については，「ふれあいまつり」の実践計画を振り返る場面において，ポートフォリオの記述内容や行動観察から評価します。

生徒Kは，「協力・協働」の視点から，「ふれあいまつり」の実践計画を振り返って自己評価し，不十分であった高齢者との関わり方について，友達やまつりスタッフからのアドバイスを参考に，よりよい実践計画にしようとする記述が見られたことから，「おおむね満足できる」状況（B）と判断しました。その際，「努力を要する」状況（C）と判断される生徒に対しては，ワークシートを振り返り，適切な自己評価ができるように助言したり，他の生徒のポートフォリオの記述内容を参考にしたりするように促すことが考えられます。

また，実践計画を振り返って自己評価し，不十分な点について，「ふれあいまつり」の具体的な場面を想定して，よりよい実践計画にしようとする記述が見られる場合を，「十分満足できる」状況（A）と判断することが考えられます。

■ポートフォリオの一部　生徒K

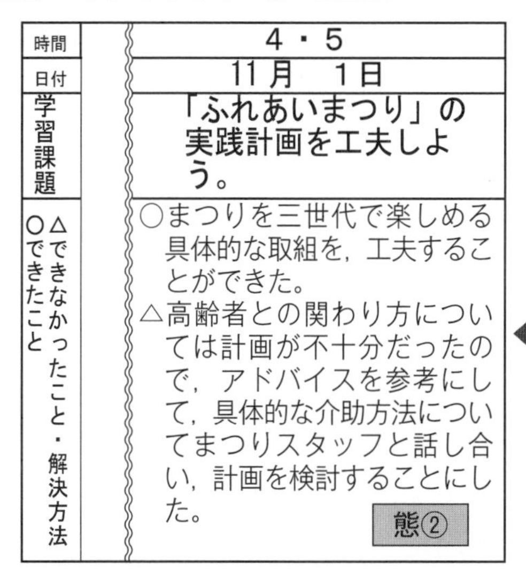

時間	4・5
日付	11月　1日
学習課題	「ふれあいまつり」の実践計画を工夫しよう。
○できたこと △できなかったこと・解決方法	○まつりを三世代で楽しめる具体的な取組を，工夫することができた。 △高齢者との関わり方については計画が不十分だったので，アドバイスを参考にして，具体的な介助方法についてまつりスタッフと話し合い，計画を検討することにした。　態②

※「十分満足できる」状況（A）と判断した生徒の具体的な例

○……
△……また，高齢者に声をかけるのは慣れていないので，高齢者との関わり方の学習を振り返り，場面を想定した声かけの練習を計画に加えるようにした。

（市川　朋子）

第2学年

3 食生活をマネジメントしよう

B 衣食住の生活 (1)ア(ア)(イ)イ，(2)ア(ア)(イ)イ

1 題材について

この題材は，「B衣食住の生活」の(1)「食事の役割と中学生の栄養の特徴」のア(ア)(イ)及びイと(2)「中学生に必要な栄養を満たす食事」のア(ア)(イ)及びイとの関連を図っています。食事の役割と中学生の栄養の特徴，中学生に必要な栄養を満たす食事について課題をもち，それらに関する基礎的・基本的な知識を身に付け，これからの生活を展望して課題を解決する力や，健康な食生活を工夫し創造しようとする実践的な態度を育成することをねらいとしています。題材のはじめに，生徒自身が食事の仕方に係る自分の課題を設定します。本事例では，自分の食習慣や中学生の１日分の献立での課題解決に向けた一連の学習過程における「主体的に学習に取り組む態度」の評価について具体的に示しています。

❶ 題材の目標

(1) 生活の中で食事が果たす役割，健康によい食習慣，中学生に必要な栄養の特徴，栄養素の種類と働き，食品の栄養的な特質，中学生の１日に必要な食品の種類と概量，１日分の献立作成の方法について理解する。

(2) 自分の食習慣や中学生の１日分の献立について問題を見いだして課題を設定し，解決策を構想し，実践を評価・改善し，考察したことを論理的に表現するなどして課題を解決する力を身に付ける。

(3) よりよい生活の実現に向けて，食事の役割と中学生の栄養の特徴，中学生に必要な栄養を満たす食事について，課題の解決に主体的に取り組んだり，振り返って改善したりして，生活を工夫し創造し，実践しようとする。

❷ 題材の評価規準

知識・技能	思考・判断・表現	主体的に学習に取り組む態度
・生活の中で食事が果たす役割について理解している。 ・中学生に必要な栄養の特徴が分かり，健康によい食習慣について理解している。 ・栄養素の種類と働きが分かり，食品の栄養的な特質について理解している。 ・中学生の１日に必要な食品の種類と概量が分かり，１日分の献立作成の方法について理解している。	自分の食習慣や中学生の１日分の献立について問題を見いだして課題を設定し，解決策を構想し，実践を評価・改善し，考察したことを論理的に表現するなどして，課題を解決する力を身に付けている。	よりよい生活の実現に向けて，食事の役割と中学生の栄養の特徴，中学生に必要な栄養を満たす食事について，課題の解決に主体的に取り組んだり，振り返って改善したりして，生活を工夫し創造し，実践しようとしている。

2 指導と評価の計画（全8時間）

〔1〕毎日の食生活を見つめよう　2時間
〔2〕何をどれだけ食べたらいいの？　3時間
〔3〕よりよい食生活を実現しよう　（本時6／8）3時間

学習過程	〔次〕時間	○ねらい・学習活動	評価規準・評価方法		
			知識・技能	思考・判断・表現	主体的に学習に取り組む態度
生活の課題発見	〔1〕1	**○生活の中で食事が果たす役割について理解するとともに，自分たちの食生活の実態を把握することができる。** ・小学校での学習を振り返り，生活の中で食事が果たす役割を確認する。 ・夏休みの課題であった食生活実態調査を内容別に分けたクループで分析する。 ・分析した結果をクラスで共有し，食生活の実態を把握する。	①生活の中で食事が果たす役割について理解している。 ・ワークシート ※ペーパーテスト		
	2	**○健康によい食習慣について理解し，自分の食習慣や中学生の1日分の献立について問題を見いだして課題を設定することができる。** ・中学生と他の年齢の食事摂取基準を比較して，中学生に必要な栄養の特徴が分かる。 ・事例をもとに健康によい食習慣について話し合う。 ・前時に把握した食生活の実態や事例を比較・検討して，個別の課題を設定する。 ・提示した「Aさんの1日の食事」（パフォーマンス課題）から，解決のために必要な学習をイメージし，学習の見通しをもつ。	②中学生に必要な栄養の特徴が分かり，健康によい食習慣について理解している。 ・ポートフォリオ ※ペーパーテスト	①自分の食習慣や中学生の1日分の献立について問題を見いだして課題を設定している。 ・ポートフォリオ	
解決方法の検討と計画	〔2〕3	**○栄養素の種類と働きが分かり，食品は栄養的な特質によって食品群に分類されることを理解することができる。** ・栄養素の働きについてグループで調べる。 ・給食に使われている食品の栄養素の種類と量について日本食品標準成分表を用いて調べ，食品ごとに含まれる栄養素の特徴があることを見いだす。 ・給食の材料を六つの基礎食品群に分類し，食品の栄養的特質を確認する。	③栄養素の種類と働きが分かり，食品の栄養的な特質について理解している。 ・ポートフォリオ ※ペーパーテスト		①食事の役割と中学生の栄養の特徴，中学生に必要な栄養を満たす食事について，課題の解決に主体的に取り組もうとしている。 ・ポートフォリオ ・行動観察
	4	**○中学生の1日に必要な食品の種類と概量を理解することができる。** ・野菜の重量を計り，実際の野菜の量（体積，かさ）を理解する。 ・中学生の1日に必要な食品群別摂取量の目安を把握する。	④中学生の1日に必要な食品の種類と概量について，食品群別摂取量の目安と関連付けて理解している。 ※ペーパーテスト		

<table>
<tr><td></td><td>5</td><td>○中学生に必要な栄養を満たす１日分の献立作成の方法について理解することができる。
・小学校の学習を振り返り，献立作成の方法を理解する。
・昼食と夕食（食材と分量を示したもの）の献立を提示し，教科書や料理カードを参考に朝食を考え，１人１台端末を用いて，中学生の１日分の栄養を満たす献立の作成方法を確認する。</td><td>⑤中学生に必要な栄養を満たす１日分の献立作成の方法を理解している。
・献立表
※ペーパーテスト
指導に生かす評価</td><td></td><td></td></tr>
<tr><td rowspan="3">課題解決に向けた実践活動</td><td>〔3〕
6
（本時）</td><td>〈パフォーマンス課題の解決〉
○中学生の食習慣や中学生の１日分の献立を考え，工夫することができる。
・「Ａさんの１日の食事」の解決策について個人で考える。
・課題別グループに分かれて話し合いを進める。
・三つのグループの解決策をクラスに提案し，「Ａさんの１日の食事」の解決策をクラスで共有する。
・グループやクラスでの意見をもとに，「Ａさんの１日の食事」をさらに，工夫する。</td><td></td><td>②自分の食習慣や中学生の１日分の献立について考え，工夫している。
・献立表
・ワークシート</td><td>②食事の役割と中学生の栄養の特徴，中学生に必要な栄養を満たす食事について，課題解決に向けた一連の活動を振り返って改善しようとしている。
・ワークシート
・ポートフォリオ</td></tr>
<tr><td>7</td><td>○自分の食習慣や１日分の献立について改善策を考え，発表し，評価・改善することができる。
・夏休みの課題の食生活実態調査をもとに，自分の食生活の課題に対応する１日分の献立を考え，工夫する。
・ペアで発表し，相互評価する。
・友達の意見を参考に，自分の１日分の献立を改善する。
・食生活改善に向けた家庭実践の意気込みを「食生活チェックカード」に記入する。</td><td>⑤中学生に必要な栄養を満たす１日分の献立作成の方法を理解している。
・献立表
記録に残す評価</td><td>③自分の食習慣や中学生の１日分の献立について実践を評価したり，改善したりしている。
・ワークシート</td><td rowspan="3">③よりよい生活の実現に向けて，食事の役割と中学生の栄養の特徴，中学生に必要な栄養を満たす食事について工夫し創造し，実践しようとしている。
・ポートフォリオ</td></tr>
<tr><td colspan="4">家庭での実践</td></tr>
<tr><td>実践活動の評価・改善</td><td>8</td><td>○よりよい生活の実現に向けて，食生活改善に向けた提言を発表し，今後の食生活の在り方についてまとめることができる。
・家庭実践「食生活チェックカード」に取り組んでの気付きをグループで意見交流する。
・食生活改善に向けた提言を考え，発表する。
・ポートフォリオの題材のまとめを行う。</td><td></td><td>④自分の食習慣や中学生の１日分の献立についての課題解決に向けた一連の活動について，考察したことを論理的に表現している。
・ワークシート
・食生活チェックカード</td></tr>
</table>

※ペーパーテストについては，ある程度の内容のまとまりについて実施する。

3 「主体的に学習に取り組む態度」の評価の実際

この題材では，自分の食習慣や中学生の１日分の献立に関する基礎的・基本的な知識・技能を身に付けたり，自分の食習慣や中学生の１日分の献立を工夫したりする際に，粘り強く取り組んでいるか，それらに関する学習の進め方について振り返るなど，自らの学習を調整しようとしているかについて評価します。さらに，よりよい生活の実現に向けて，「健康」の視点から，健康的な食生活を営むことの大切さに気付き，自分の食生活を振り返って新たな課題を見付け，自身の食生活を健康な食生活に工夫・改善し実践しようとしているかなどについて評価します。

3～5時間目の評価規準①②については，ポートフォリオの記述内容や行動観察から評価します。評価規準①と②の学びの姿は，相互に関わり合いながら立ち現れることから同じ場面で評価することが考えられます。例えば，５時間目の中学生に必要な栄養を満たす１日分の献立作成の方法を理解する場面では，食品の種類を意識して献立を立てることができたが，野菜の量が足りなくて献立作成が難しかったと自己評価し，友達のアドバイスから食品群別摂取量の

■ポートフォリオ

題材名「食生活をマネジメントしよう」　8時間　　　　2年(　　)組(　　)番　氏名(　　　　　　)

学習過程	気付く・見通す ➡	追究する ➡	活用する・深める ➡	まとめ・振り返る
	★中学生の身近な食生活の問題 ★題材を貫く問いの設定 ★わたしの問いの設定 ★身に付けたい力 ★学習の見通しをもつ	★問いの解決策を見出す ・中学生の一日に必要な栄養 →中学生の身体的な特徴・栄養素の種類と働き 食品の栄養的特質・６つの食品群 中学生の一日に必要な食品の量・献立作成	★パフォーマンス課題に取り組む ・問いの解決策につながる課題に取り組み、自分の解決策の確かめをする パフォーマンス課題 「Ａさんの食事についてアドバイスしよう」 ★「わたしの問い」の課題の解決に取り組む	★題材を振り返る ・家庭実践 「食生活チェックシート」の報告 ★食習慣を改善し、健康的な食生活を家族に提案する。

【題材を貫く問い】

【わたしの問い】

★学習の学びを記録しよう

わかったこと

食生活

工夫したこと

○できたこと　△できなかったこと　★改善に向けて取り組んだこと

月日	○　できたこと　△できなかったこと ★　改善に向けて取り組んだこと	先生より
/	○ △ 態①② ★	
/	○ △ ★	
/	○ △	

★題材を振り返り、問いの解決策について自分の考えをまとめよう

「問い」の解決策

わたしの問いは、

題材の学習を通して、自分ができるようになったこと・わかったこと

新たな課題(もっと深く学習してみたいこと)

◆この題材の学習を通して、あなたの考えは、どのように変わりましたか。

★学習のはじめのわたしの考え

態③

★学習後の考え・家庭生活にいかすこと

■ポートフォリオの一部　※「おおむね満足できる」状況（B）と判断した生徒の具体的な例

わたしの問い	肌をきれいにし，体を悪くしないために栄養のバランスや食べる量を考えて健康な食生活にするためには，何を食べればいいのだろうか
日付	○できたこと　△できなかったこと　★改善に向けて取り組んだこと
10/28	○食品ごとに栄養素の種類や量が違うことを理解できた。 △食品群別摂取量の目安を満たさないときは，サプリメントでいいのか分からなかった。 ★料理をするときに六つの基礎食品群を意識して，献立に多種類の食品を使うようにした。
11/4	○１日でとらなければならない食品の種類を意識して献立を立てることができた。 △友達から野菜の量が足りないと言われて，野菜の量まで考えることが難しかった。 ★食品群別摂取量の目安を何度も確認することで，野菜の量が不足しないように気を付けた。 態①②

目安を何度も比べて，粘り強く献立を作成した様子を記述している場合を，「おおむね満足できる」状況（B）と判断しています。その際，「努力を要する」状況（C）と判断される生徒に対しては，教師がコメントを返すことで知識を身に付けるように促すことなどが考えられます。また，野菜の量をどうやったらたくさんとれるかなど，できなかったことをより具体的に改善しようとしている場合を，「十分満足できる」状況（A）と判断することが考えられます。

６・７時間目の評価規準②については，ワークシートやポートフォリオの記述内容から評価します。例えば，６時間目の「Ａさんの１日の食事」（パフォーマンス課題）の解決の場面については，本時の展開例に示しています。

８時間目の評価規準③については，ポートフォリオの記述内容から評価します。題材を振り返る場面では，題材の学習に取り組んでできたことやできなかったこと等，「健康」の視点から自分の食生活の状況を把握して改善し，さらによりよい食生活のために次の実践に取り組もうとする記述をしている場合を，「おおむね満足できる」状況（B）と判断しています。その際，「努力を要する」状況（C）と判断される生徒に対しては，これまでの学習のキーワードをポートフォリオで確認させ，自分の考えを整理できるように助言することが考えられます。また，新たな課題を見付け，食習慣の改善につながる家庭実践活動を具体的に記述している場合を「十分満足できる」状況（A）と判断することが考えられます。

■ポートフォリオの一部　※「おおむね満足できる」状況（B）と判断した生徒の具体的な例

私の課題は，「肌をきれいにし，体を悪くしないために栄養のバランスや食べる量を考えて健康な食生活にするためには，何を食べればいいのだろうか」です。
★学習のはじめのわたしの考え：自分で料理しながら栄養を考えればよいと思っていました。
★学習後の考え，家庭生活に生かすこと：健康的な食生活をする方法は，食品群別摂取量の目安を意識して，１日３食，肉や魚，野菜や果物を食べ，数多くの食品を食べることだと思います。このことを自分の食生活に生かしたいです。
態③

4 本時の展開例（6／8時間）

❶ 小題材名

よりよい食生活を実現しよう

❷ 本時のねらい

中学生の食習慣や中学生の１日分の献立を考え，工夫することができる。

❸ 学習活動と評価

時間	学習活動（下線は ICT 活用場面）	指導上の留意点	評価場面・評価方法
（分） 3	1．本時の学習課題を確認する。	・健康的な食生活とするために，中学生の食習慣や中学生の１日分の献立を考え，工夫することを確認する。	
	中学生Ａさんの１日の食事を健康の視点で見直し，工夫しよう		
8	2．中学生の実態を考慮した「Ａさんの１日の食事」の解決策について個人で考え，ワークシートに記入する。	・ルーブリックを提示し，「Ａさんの１日の食事」を「健康」の視点から考え，工夫することができるようにする。	
15	3．課題別グループに分かれて話し合いを進め，よりよい解決策にまとめる。	・「栄養のバランス」「食べやすさ」「生活習慣」の課題別グループを編成し，それぞれの視点から１人１台端末を用いて，話し合いを進めるように伝える。	
12	4．三つのグループの解決策をクラスに提案し，「Ａさんの１日の食事」の解決策をクラスで共有する。	・各グループで話し合ったことについて，電子黒板を用いて発表できるようにする。	[思②] Ａさんの食事の解決策を工夫する場面 ・献立表 ・ワークシート
	5．グループやクラスでの意見をもとに，「Ａさんの１日の食事」をさらに，工夫する。	・１人１台端末を用いて，グループやクラスで話し合ったデータで確認しながら，さらに工夫するように伝える。	
5	6．本時の学習をまとめ，振り返る。	・「Ａさんの１日の食事」について考えたことをワークシートに具体的にまとめるように伝える。 ・ポートフォリオを記入し，本時の学びを認識できるようにする。	[態②] 本時の学習を振り返る場面 ・ワークシート ・ポートフォリオ
7	7．次時の活動の見通しをもつ。	・次時は，個別の課題の解決につながる１日分の献立作成を行うことを告げる。	

❹ 学習評価の工夫

本時は，パフォーマンス課題「中学生Ａさんの食事にアドバイスしよう」に対して前時（５時間目）までに習得した知識を用い，対話的な学びを通して，課題を解決する学習となります。グループ編成は，同様の課題をもったグループ（３～４人程度）とし，課題別グループで学習することで２時間目に設定した個別の課題の解決策を見いだしやすくします。

本時の**「思考・判断・表現」の評価規準②**については，中学生であるＡさんの献立を友達の意見などをもとに考え，工夫する場面において，献立表とワークシートの記述内容から評価します。

生徒Ｈは，中学生の１日の献立について「食品群別摂取量の目安を満たすよう食品の種類と量，食事時間」の視点から朝食や夕食を一汁三菜の献立に見直したり，間食も食事の一部と考えたりするなどＡさんの食事を改善しています。また，食事時間についても，朝食，間食，夕食の時間を少しでも早くしようと具体的に改善していることから，「おおむね満足できる」状況（Ｂ）と判断しました。

■ワークシートの一部　生徒Ｈ　※「おおむね満足できる」状況（Ｂ）と判断した生徒の具体的な例

パフォーマンス課題：「Ａさんの食事にアドバイスしよう。」

Ａさんの食事

朝　7：30　昼　12：35　間食　19：00　夕　22：00

私が提案する食事
※昼食については変更しない

朝　時間　7：00　昼　12：35　間食　18:10　夕　時間　21:30　思②

【理由】Ａさんはお肉が好きだけどバランス良くするために朝食を魚にし一汁三菜にした
間食は食べやすいホットドックにし牛乳も入れた。夕食は好きなお肉にし一汁三菜にした。

2、Ａさんの食事の改善策についてグループ・クラスで意見交流しよう。

・夕食を間食の時間に食べる
・海そう類

※ クラスの意見交流で参考となった意見は、赤ペンで記入しよう。

その際，「努力を要する」状況（C）と判断される生徒に対しては，朝食も夕食も一汁三菜にすることや教科書の食品群別摂取量の目安，それをもとにした献立例などと自分が考えたアドバイスの内容を比較して考えるように助言することが考えられます。また，Ａさんの状況に合わせて理由や根拠を明確にして食習慣の改善につながるアドバイスとなっている場合を，「十分満足できる」状況（A）と判断することが考えられます。

「主体的に学習に取り組む態度」の評価規準②については，本時の学習を振り返る場面において，ワークシートやポートフォリオの記述内容から評価します。

生徒Ｈは，自分が立てた献立の内容を振り返って，他の生徒のアドバイスを参考に，「間食の時間に夕食を食べる」とワークシートに記述しています。このように課題に取り組む中で，本時の学習でできたことや，できなかったことを振り返り，他の生徒のアドバイスを生かして，改善に向けて取り組もうとしていることから，「おおむね満足できる」状況（B）と判断しました。その際，「努力を要する」状況（C）と判断される生徒に対しては，まず，本時の学習のキーワードを伝え，学習でできたことや，できなかったことを確認し，友達のアドバイスを参考にするなどして自分の考えを整理できるように配慮することが考えられます。また，Ａさんの食習慣と自分の食習慣を比較して，夕食の時間や食事の内容を具体的に見直し，うまくいかなかった原因を追究しようとしている場合を，「十分満足できる」状況（A）と判断することが考えられます。

■ワークシートの一部　生徒Ｈ

★「Ａさんの１日の食事」の改善に向けて取り組んできたことをまとめよう。

今日の学習で，栄養のバランスを考え，朝食に魚を食べて毎食，一汁三菜を意識した献立を考えることができた。Ａさんは，塾に行っているから遅い時間に夕食を食べるのは仕方がないと思っていたが，友達から間食や夕食を食べる時間と内容を改善した方がよいとアドバイスをもらったので，間食を食べないで夕食を早めに食べるよう提案する。　態②

※「十分満足できる」状況（A）と判断した生徒の具体的な例

今日の学習で，栄養バランスを考え，朝食に魚を食べて毎食，一汁三菜を意識した献立を考えることができた。Ａさんは，塾にいっているから遅い時間に夕食を食べるのは仕方がないと思っていたが，友達から間食や夕食を食べる時間と内容を改善した方がよいとアドバイスをもらった。私も塾とかで遅く食べることがあり，朝食があまり食べられない。朝食を食べるために，間食を食べないで夕食を早めに食べたり，遅く夕食を食べるときは，たんぱく質を含む卵サンドウイッチなどの軽めのものを食べるなど，食事の内容や食事の時間を見直すよう提案する。

（山口　美紀）

第1学年

魚や肉の調理にチャレンジ
～食品の選択や調理の工夫～

B　衣食住の生活　(3)ア(ア)(イ)(ウ)イ

1　題材について

この題材は，「B衣食住の生活」の(3)「日常食の調理と地域の食文化」のア(ア)(イ)(ウ)及びイとの関連を図った題材です。魚の調理（ムニエル）や肉の調理（ハンバーグステーキ：以下ハンバーグ）における食品の選択や調理の仕方，調理計画について課題をもち，それらに関する基礎的・基本的な知識及び技能を身に付け，これからの生活を展望して課題を解決する力や健康で安全な食生活を工夫し創造しようとする実践的な態度を育成することをねらいとしています。

本事例では，調理に関する二つの小題材を通した「主体的に学習に取り組む態度」の評価について具体的に示しています。

❶　題材の目標

(1)　用途に応じた食品の選択，食品（魚・肉・野菜）や調理用具等の安全と衛生に留意した管理，材料（魚・肉・野菜）に適した加熱調理の仕方（焼く・蒸す）について理解するとともに，それらに係る技能を身に付ける。

(2)　ムニエルやハンバーグの調理における食品の選択や調理の仕方，調理計画について問題を見いだして課題を設定し，解決策を構想し，実践を評価・改善し，考察したことを論理的に表現するなどして課題を解決する力を身に付ける。

(3)　よりよい生活の実現に向けて，ムニエルやハンバーグの調理について課題の解決に主体的に取り組んだり，振り返って改善したりして，生活を工夫し創造し，実践しようとする。

❷　題材の評価規準

知識・技能	思考・判断・表現	主体的に学習に取り組む態度
・日常生活と関連付け，用途に応じた食品の選択について理解しているとともに，適切にできる。 ・食品（魚・肉・野菜）や調理用具等の安全と衛生に留意した管理について理解しているとともに，適切にできる。 ・材料（魚・肉・野菜）に適した加熱調理の仕方（焼く・蒸す）について理解しているとともに，適切にできる。	ムニエルやハンバーグの調理における食品の選択や調理の仕方，調理計画について問題を見いだして課題を設定し，解決策を構想し，実践を評価・改善し，考察したことを論理的に表現するなどして課題を解決する力を身に付けている。	よりよい生活の実現に向けて，ムニエルやハンバーグの調理について，課題の解決に主体的に取り組んだり，振り返って改善したりして，生活を工夫し創造し，実践しようとしている。

2 指導と評価の計画（全9時間）

〔1〕魚や肉の調理をしよう　1時間
〔2〕ムニエルと蒸し野菜の調理にチャレンジしよう　4時間
〔3〕ハンバーグの調理にチャレンジしよう　（本時7／9）4時間

学習過程	〔次〕時間	○ねらい・学習活動	評価規準・評価方法		
			知識・技能	思考・判断・表現	主体的に学習に取り組む態度
生活の課題発見	〔1〕1	**○食品（魚・肉・野菜）の安全と衛生に留意した調理を行うために問題を見いだし，課題を設定することができる。** ・ムニエルとハンバーグの調理動画を視聴し，食品の選択，調理の仕方，調理計画について問題を見いだしてグループで共有し，話し合う。 ・課題を設定する。 ・学習の見通しをもつ。 〈課題例〉・食品の選択：魚や肉，野菜の種類・選び方 ・調理の仕方：魚の焼き方，ハンバーグの成形，焼き方，蒸し器の扱い ・調理計画　：手順を考えた効率的な調理計画		①ムニエルやハンバーグの調理における食品の選択や調理の仕方，調理計画について問題を見いだし，課題を設定している。 ・ワークシート	
解決方法の検討と計画①（ムニエル・蒸し野菜の調理）	〔2〕2・3	**○用途に応じた食品の選択について理解し，適切に選択ができる。** ・魚や野菜の選び方について調べ，発表する。 ・用途に応じた魚や野菜の選び方とその理由をワークシートにまとめる。 **○食品（魚）や調理用具の安全で衛生的な取扱いやムニエル，蒸し野菜の調理の仕方を理解し，調理計画を考え工夫することができる。** ・ムニエルと蒸し野菜の調理の動画を視聴し，魚や野菜の扱いやフライパンや蒸し器の扱いについてなぜそのようにするのか考える。 ・蒸し野菜の特徴を生かしたムニエルの付け合わせを考え，発表する。 ・手順を考えた効率的な調理計画について話し合い，工夫点を発表する。 ・調理計画を見直す。 ・本時を振り返り，まとめる。	①用途に応じた食品の選択について理解しているとともに，適切にできる。 ・ワークシート ②食品（魚）や調理用具の安全と衛生に留意した管理について理解しているとともに，適切にできる。 ・ワークシート 指導に生かす評価 ③ムニエルやハンバーグと蒸し野菜の調理の仕方について理解しているとともに，適切にできる。 ・ワークシート 指導に生かす評価	②ムニエルやハンバーグの調理計画について考え，工夫している。	①ムニエルやハンバーグの調理について，課題の解決に向けて主体的に取り組もうとしている。 ・ワークシート ・行動観察

<table>
<tr><td>課題解決に向けた実践活動①
実践活動の評価・改善①</td><td>4
・
5</td><td>○食品（魚）や調理用具を安全で衛生的に扱い，ムニエルと蒸し野菜を調理することができる。
・ペアで，互いの分担を確認する。
・ムニエルは，１人ずつ焼き，調理の過程を１人１台端末で撮影し合う。
・蒸し野菜は，個別に野菜を切り，班員の分をまとめて蒸す。
・試食をする。
・撮影した動画を見てグループで相互評価を行い，改善点をアドバイスし合う。</td><td>②(魚と蒸し器)
・行動観察
記録に残す評価
③（ムニエル・蒸し野菜）
・行動観察
記録に残す評価</td><td rowspan="2">③ムニエルやハンバーグの調理の実践を評価したり，改善したりしている。
・調理計画
・実習記録</td><td rowspan="2"></td></tr>
<tr><td rowspan="2">解決方法の検討と計画②（ハンバーグの調理）</td><td>〔3〕
6</td><td>○用途に応じた食品の選択について理解し，適切に選択ができる。
・用途に応じた肉の選び方とその理由をワークシートにまとめる。
・加工食品のハンバーグと手作りハンバーグの材料や費用の違いを表示から調べ，用途に応じたハンバーグの選択についてグループで話し合い発表する。</td><td>①用途に応じた食品の選択について理解しているとともに，適切にできる。
・ワークシート</td></tr>
<tr><td>7
（本時）</td><td>○食品（肉）や調理用具を安全で衛生的に取り扱い，ハンバーグの調理の仕方を理解し，調理することができる。
・ハンバーグの作り方の動画を視聴し，肉の扱い方や作り方についての疑問点を発表する。
・グループごとにひき肉の混ぜ方や成形の仕方，焼き方を変えて調理実験を行う。
・実験結果を発表し，全体で共有する。
・実験結果からハンバーグの作り方を理由とともにまとめる。
・ハンバーグの調理計画を立てる。
・本時を振り返り，発表する。</td><td>②（肉とフライパン）
・行動観察
指導に生かす評価
③(ハンバーグ)
・ワークシート
指導に生かす評価</td><td></td><td>②ムニエルやハンバーグの調理について，課題解決に向けた一連の活動を振り返って改善しようとしている。
・行動観察
・ワークシート</td></tr>
<tr><td>課題解決に向けた実践活動②
実践活動の評価・改善②</td><td>8
・
9</td><td>○食品や調理用具を安全で衛生的に取り扱い，ハンバーグを調理することができる。
・ペアで互いの分担を確認する。
・ハンバーグは，１人ずつこねて焼き，調理の過程を１人１台端末を活用し，撮影し合う。
・試食する。
・撮影した動画を見ながら確認し，グループで相互評価を行い，アドバイスし合う。
・本時を振り返り，調理の仕方や調理手順について気付いたことや改善点をまとめ，発表する。
・これまでの学習を振り返り，今後の実践に向けて考えたことをまとめる。</td><td>②（肉とフライパン）
・行動観察
記録に残す評価
③(ハンバーグ)
・行動観察
・ワークシート
記録に残す評価</td><td>④ムニエルやハンバーグの調理についての課題解決に向けた一連の活動について考察したことを論理的に表現している。
・ワークシート</td><td>③よりよい生活の実現に向けて，ムニエルやハンバーグの調理について工夫し創造し，実践しようとしている。
・ワークシート</td></tr>
</table>

3 「主体的に学習に取り組む態度」の評価の実際

この題材では，魚の調理（ムニエル）や肉の調理（ハンバーグ）における食品の選択や調理の仕方に関する知識及び技能を身に付けたり，調理計画を考え，工夫したり，実践を評価・改善したりする際に，粘り強く取り組んでいるか，それらに関する学習の進め方について振り返るなど，自らの学習を調整しようとしているかについて評価します。さらに，よりよい生活の実現に向けて，「健康・安全」の視点からムニエルやハンバーグの調理について工夫し創造し，家庭で実践しようとしているかなどについて評価します。

1～3時間目の評価規準①については，学習を振り返る場面において，ワークシートの記述内容と行動観察から評価します。例えば，3時間目の食品（魚）や調理用具（フライパンや蒸し器）の安全で衛生的な取扱いについての知識及び技能を身に付ける場面において，ムニエルと蒸し野菜の調理の動画を繰り返し確認したり，1人1台端末を活用して調べたりして，理由とともに安全で衛生的な取扱いについてまとめようと取り組んでいる様子を記述している場合を，「おおむね満足できる」状況（B）と判断しています。その際，「努力を要する」状況（C）と判断される生徒に対しては，ムニエルや蒸し野菜の調理の動画を再度視聴し確認するように促すことが考えられます。また，家庭の調理用具の取扱いについても調べ，実践に向けて取り組もうと具体的に記述している場合を「十分満足できる」状況（A）と判断することが考えられます。

■ワークシートの一部　※「おおむね満足できる」状況（B）と判断した生徒の具体的な例

ムニエルと蒸し野菜の調理にチャレンジしよう！

◆調理動画から，魚や野菜，調理道具の衛生的で安全な扱い方を理由とともにまとめましょう。

	安全で衛生的な扱い方	理由
魚	・中までよく火を通す ・魚を扱った手や器具はすぐ洗剤で洗う ・魚と野菜のまな板を分ける	・魚に付いている細菌や寄生虫による食中毒が起こる可能性があるため ・魚に付いている細菌が野菜に付いて汚染されるから
野菜	・よく洗ってから調理する	・汚れや農薬を洗い流すため
フライパン	・安定した場所に置く	・落としたら火傷をするから
蒸し器	・蒸し器のふたを開けるとき奥側に一度蒸気をにがす	・手前から開けると顔など，やけどの危険があるため

◆調理手順

◆今日の学習を振り返ろう

魚や野菜，調理道具の安全で衛生的な扱い方については，動画を繰り返し見て確認しました。扱い方がわかっていても，理由を正しく説明するのは難しかったので，タブレット端末を活用して調べたり，友達が調べたものと比べたりして，まとめることができました。

態①

４～９時間目の評価規準②については，行動観察やワークシートの記述内容から評価します。例えば，７時間目の本時を振り返る場面の詳細については，本時の展開例に示しています。

なお，評価規準の①と②の学びの姿は，相互に関わり合いながら立ち現れることに留意する必要があります。

９時間目の評価規準③については，これまでの学習を振り返るワークシートの記述内容から評価します。ムニエルやハンバーグの調理について，学んだことを家庭で実践しようとしている場合を，「おおむね満足できる」状況（B）と判断しています。その際，「努力を要する」状況（C）と判断される生徒に対しては，ムニエルやハンバーグの作り方のポイントを確認したり，効率的な調理について友達からアドバイスをもらったりするよう促すことが考えられます。また，家庭での実践について，新たな課題を見付けるとともに，これからの食生活を工夫し実践しようと具体的に記述している場合を，「十分満足できる」状況（A）と判断することが考えられます。

■ワークシートの一部

魚や肉の調理を振り返ろう！

◆ムニエルやハンバーグの調理を振り返り，調理の仕方や調理手順など，気が付いたことや改善したいこと，についてまとめましょう。

<調理の仕方や手順などで気が付いたこと>

<改善したいこと>

◆ムニエルやハンバーグの調理をこれからの食生活にどのように生かしていきたいですか。

ムニエルやハンバーグを作る時，なぜそのように調理するのか，理由を考えながら調理をしたので，うまく作ることができました。これから家で調理をする時も，理由を考えたり，調べたりして，上手に作っていきたいです。また，ムニエルには，鮭以外にどんな魚が合うのか，知りたくなったので，料理の本で調べて家で作ってみようと思います。

態③

※「十分満足できる」状況（A）と判断した生徒の具体的な例

……また，祖父や祖母が喜ぶ，柔らかくて食べやすいハンバーグを工夫して作ってみたいです。玉ねぎやパン粉の量を変えると味やかたさはどう変わるのか，割合を変えて，家で試してみようと思います。そして，柔らかくて食べやすいハンバーグができたら，祖父と祖母に食べてもらいたいと思います。

4 本時の展開例（7／9時間）

❶ 小題材名

ハンバーグの調理にチャレンジしよう

❷ 本時のねらい

食品（肉）や調理用具を安全で衛生的に取り扱い，ハンバーグの調理の仕方を理解し，調理することができる。

❸ 学習活動と評価

時間	学習活動（下線はICT活用場面）	指導上の留意点	評価場面・評価方法
（分） 2	1．本時の学習課題を確認する。 ハンバーグの調理にチャレンジしよう		
5	2．ハンバーグの作り方の動画を視聴し，肉の扱い方や作り方について疑問点を発表する。 ・なぜ，粘りが出るまで混ぜるのか ・なぜ，真ん中をくぼませるのか ・最初に表面を強火で焼くのはなぜか	・動画から，肉の扱い方やハンバーグの作り方について，なぜそのように調理するのか考えるよう促し，疑問点を確認する。	
25	3．グループごとに，ひき肉の混ぜ方や成形の仕方，焼き方を変えて調理実験を行う。 ①A　粘りが出るまで30回混ぜる 　B　3回混ぜる ②A　真ん中をくぼませて成形する 　B　くぼませずに平らに成形する ③A　両面にこげ目がつくまで中火で焼き，ふたをして弱火で10分焼く 　B　弱火でじっくり焼く	・衛生面に気を付け，安全に調理を進めるよう促す。 ・1人1台端末を活用して実験の様子や結果を撮影するよう助言する。 ・ハンバーグは，半分に切って中心まで焼けているかを確認するよう促す。	[知・技②] ハンバーグの作り方を実験で確かめる場面 ・行動観察 指導に生かす評価
13	4．実験結果を発表し，全体で共有する。 5．実験結果から，ハンバーグの作り方を理由とともにまとめる。 6．ハンバーグの調理計画を立てる。	・A，Bのどちらの作り方が正しいのか検討し，その理由を考えるよう助言する。	[知・技③] ハンバーグの作り方をまとめる場面 ・ワークシート 指導に生かす評価
5	7．本時の学習を振り返り，発表する。	・次時の調理実習への意欲を高めるようにする。	[態②] 振り返りの場面 ・行動観察 ・ワークシート

❹ 学習評価の工夫

本時の**「知識・技能」の評価規準②**については，ハンバーグの作り方を調理実験で確かめる場面において，行動観察から評価します。ひき肉を衛生面に気を付けて取り扱ったり，フライパンを安全に取り扱ったりして調理を行っている場合を，「おおむね満足できる」状況（B）と判断しました。その際，「努力を要する」状況（C）と判断される生徒に対しては，生肉の衛生的な取扱いや熱したフライパンの安全な扱い方について，再度動画や資料を確認して取り組めるよう配慮します。

「知識・技能」の評価規準③については，ハンバーグの作り方をまとめる場面において，ワークシートの記述内容から評価します。生徒Kは，ハンバーグの作り方（ひき肉の混ぜ方，成形の仕方，焼き方）を理由とともに記述していることから，「おおむね満足できる」状況（B）と判断しました。その際，「努力を要する」状況（C）と判断される生徒に対しては，調理実験の写真や動画を提示したりするなど，個に応じた指導をするようにします。

「知識・技能」の評価規準②と③については，本時は「指導に生かす評価」として，8・9時間目の評価を「記録に残す評価」として位置付けています。

■ワークシートの一部　生徒K

※「おおむね満足できる」状況（B）と判断した生徒の具体的な例

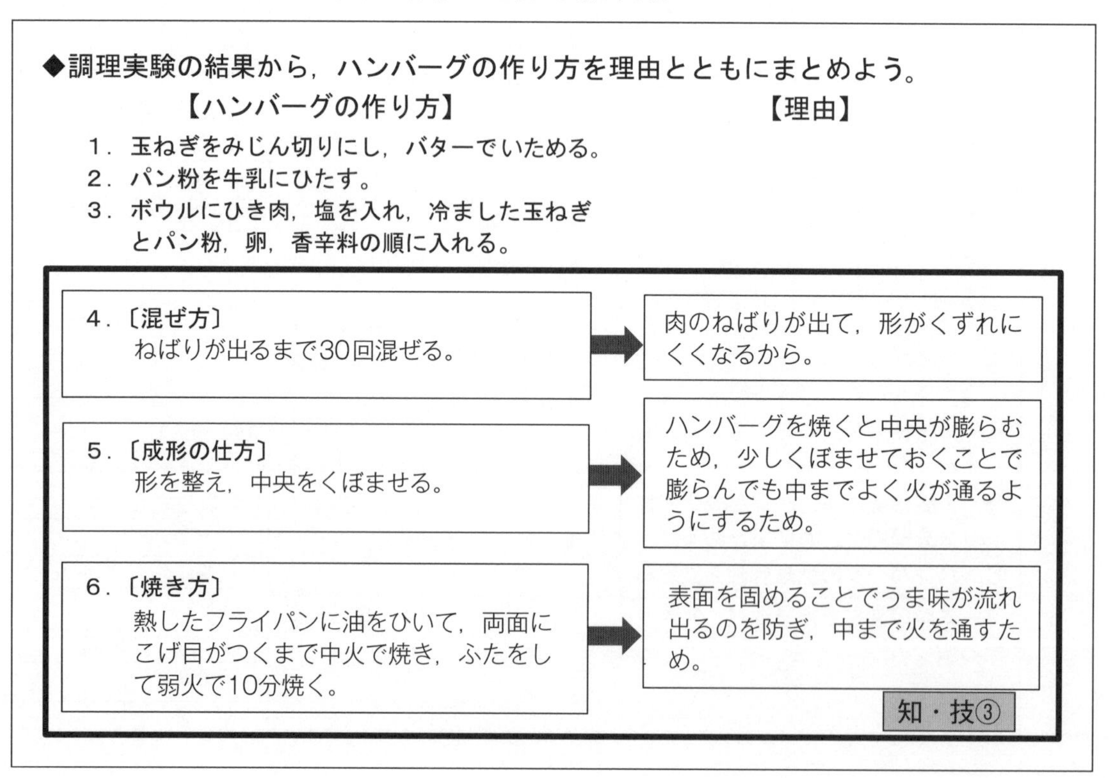
◆調理実験の結果から，ハンバーグの作り方を理由とともにまとめよう。

【ハンバーグの作り方】　【理由】

1．玉ねぎをみじん切りにし，バターでいためる。
2．パン粉を牛乳にひたす。
3．ボウルにひき肉，塩を入れ，冷ました玉ねぎとパン粉，卵，香辛料の順に入れる。

【ハンバーグの作り方】	【理由】
4．〔混ぜ方〕ねばりが出るまで30回混ぜる。	肉のねばりが出て，形がくずれにくくなるから。
5．〔成形の仕方〕形を整え，中央をくぼませる。	ハンバーグを焼くと中央が膨らむため，少しくぼませておくことで膨らんでも中まで火が通るようにするため。
6．〔焼き方〕熱したフライパンに油をひいて，両面にこげ目がつくまで中火で焼き，ふたをして弱火で10分焼く。	表面を固めることでうま味が流れ出るのを防ぎ，中まで火を通すため。

知・技③

「主体的に学習に取り組む態度」の評価規準②については，本時を振り返る場面において，行動観察や振り返りのワークシートの記述内容から評価します。生徒Sは，ハンバーグの作り方について，ひき肉の混ぜ方と成形の仕方は，理由とともにまとめることができましたが，焼き方については，作り方も理由も適切にまとめることができませんでした。他の生徒のアドバイスから，ハンバーグの写真の表面の焼き色や断面，フライパンに出ている肉汁の様子をよく観察し，焼き方とその理由についてまとめようとした記述があることから「おおむね満足できる」状況（B）と判断しました。その際，「努力を要する」状況（C）と判断される生徒に対しては，再度，ハンバーグの写真を確認し，取組を振り返ってなぜそのようにするのかを考えることができるよう配慮します。また，実験を振り返る中で，今まで気付かなかった調理の仕方に気付き，その気付きを次の調理で生かそうとする記述が見られる場合を，「十分満足できる」状況（A）と判断することが考えられます。

■ワークシートの一部　生徒S

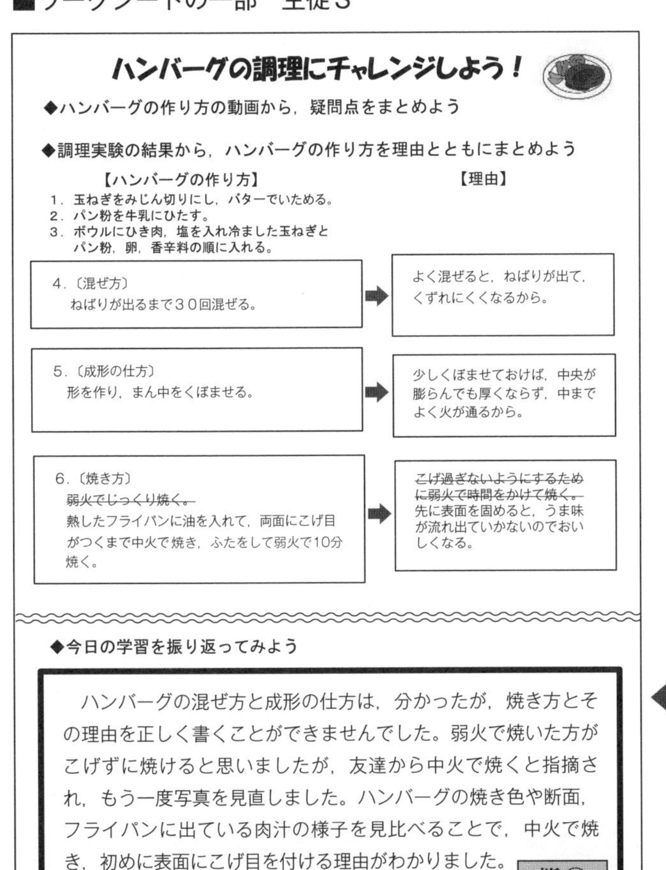

ハンバーグの調理にチャレンジしよう！

◆ハンバーグの作り方の動画から，疑問点をまとめよう

◆調理実験の結果から，ハンバーグの作り方を理由とともにまとめよう

【ハンバーグの作り方】	【理由】
1．玉ねぎをみじん切りにし，バターでいためる。 2．パン粉を牛乳にひたす。 3．ボウルにひき肉，塩を入れ冷ました玉ねぎとパン粉，卵，香辛料の順に入れる。	
4．〔混ぜ方〕 ねばりが出るまで３０回混ぜる。	よく混ぜると，ねばりが出て，くずれにくくなるから。
5．〔成形の仕方〕 形を作り，まん中をくぼませる。	少しくぼませておけば，中央が膨らんでも厚くならず，中までよく火が通るから。
6．〔焼き方〕 ~~弱火でじっくり焼く。~~ 熱したフライパンに油を入れて，両面にこげ目がつくまで中火で焼き，ふたをして弱火で10分焼く。	~~こげ過ぎないようにするために弱火で時間をかけて焼く。~~ 先に表面を固めると，うま味が流れ出ていかないのでおいしくなる。

◆今日の学習を振り返ってみよう

ハンバーグの混ぜ方と成形の仕方は，分かったが，焼き方とその理由を正しく書くことができませんでした。弱火で焼いた方がこげずに焼けると思いましたが，友達から中火で焼くと指摘され，もう一度写真を見直しました。ハンバーグの焼き色や断面，フライパンに出ている肉汁の様子を見比べることで，中火で焼き，初めに表面にこげ目を付ける理由がわかりました。

態②

※「十分満足できる」状況（A）と判断した生徒の具体的な例

……ハンバーグを何個か焼くときには，火の通りを同じにするために，同じ大きさと厚さにすることが大事だと気づいたので，次の実習では，成形するときに気を付けて作りたいと思いました。
また，衛生面では，ポリ手袋を活用して作った方がよいと思ったので，次の実習までに準備をして取り組みたいと思いました。

（迎　寿美）

5

第１学年

お手入れマスターへの道
～制服の取扱説明書をつくろう～

B　衣食住の生活　(4)ア(ア)(イ)イ

1　題材について

この題材は，「B衣食住の生活」の(4)「衣服の選択と手入れ」アの(ア)(イ)及びイを関連付けながら学習を進め，衣服の選択，日常着の手入れに関する基礎的・基本的な知識及び技能を身に付け，自分の衣生活に関する実践的な態度を育成することをねらいとしています。

中学校における制服は，小学校での標準服の扱いと異なる点が多く，生徒にある種の戸惑いを抱かせるとともに，集団に属する社会性を感じさせるものであるともいえます。

本事例では，はじめに題材全体を貫く課題として，次年度入学する後輩に対し中学校生活の第一歩ともいえる制服の取扱い方について説明書を作成すると設定し，有益な取扱説明書を作成する学習過程における「主体的に学習に取り組む態度」の評価について具体的に示しています。

❶　題材の目標

(1)　衣服と社会生活との関わり，目的に応じた着用，個性を生かす着用及び衣服の適切な選択，衣服の計画的な活用の必要性，衣服の材料や状態に応じた日常着の手入れについて理解する。

(2)　衣服の選択，材料や状態に応じた日常着の手入れについて問題を見いだして課題を設定し，解決策を構想し，実践を評価・改善し，考察したことを論理的に表現するなどして課題を解決する力を身に付ける。

(3)　よりよい生活の実現に向けて，衣服の選択について，課題の解決に主体的に取り組んだり，振り返って改善したりして，生活を工夫し創造し，実践しようとする。

❷　題材の評価規準

知識・技能	思考・判断・表現	主体的に学習に取り組む態度
・衣服と社会生活との関わりが分かり，目的に応じた着用，個性を生かす着用及び衣服の適切な選択について理解している。 ・衣服の計画的な活用の必要性，衣服の材料や状態に応じた日常着の手入れについて理解しているとともに，適切にできる。	衣服の選択，材料や状態に応じた日常着の手入れの仕方について問題を見いだして課題を設定し，解決策を構想し，実践を評価・改善し，考察したことを論理的に表現するなどして課題を解決する力を身に付けている。	よりよい生活の実現に向けて，衣服の選択，材料や状態に応じた日常着の手入れの仕方について，課題の解決に主体的に取り組んだり，振り返って改善したりして，生活を工夫し創造し，実践しようとしている。

2 指導と評価の計画（全8時間）

〔1〕制服の取扱説明書をつくろう（本時2／8）4時間

〔2〕衣生活の知識を活用しよう 4時間

学習過程	〔次〕時間	○ねらい・学習活動	評価規準・評価方法		
			知識・技能	思考･判断･表現	主体的に学習に取り組む態度
生活の課題発見	〔1〕1	**○衣服の選択，材料や状態に応じた日常着の手入れの仕方について問題を見いだして課題を設定することができる。** ・題材を貫く課題「来年の1年生のために，制服の取扱説明書をつくる」を知る。 ・初めて中学校の制服を手にしたときに感じたことをグループ内で出し合う。 ・制服の取扱いについて疑問に思うことや失敗した経験，工夫している点などをグループで出し合う。 ・グループの意見を学級で共有し，取扱説明書に盛り込む内容を決定する。（グループごとに異なる内容で可） ・学習の見通しをもつ。		①健康・快適で持続可能な衣生活を送るために，衣服の選択，日常着の手入れ，衣服等の再利用などについて問題を見いだして課題を設定している。 **・ワークシート**	
解決方法の検討と計画	2（本時）	**○衣服の選択，材料や状態に応じた日常着の手入れの仕方について問題を見いだして課題を設定し，解決策を構想することができる。** ・教科書，インターネット等を参考にし，グループのテーマと，それに沿った取扱説明書の構成，各自の分担を決定する。 ・3・4時に作業する内容，実験方法や必要な物品をリストアップする。 〈グループのテーマ例〉 ・衿までピカピカ，シャツの洗い方 ・印象ばっちり，ズボン・スカートの折り線を保つには ・帰宅後すぐに，これだけは ・スナップ，ボタンをとれにくくするには ・汚れをつきにくくするために ・制服の歴史		①衣服の選択，材料や状態に応じた日常着の手入れの仕方について問題を見いだして課題を設定している。 **・ワークシート** ②衣服の選択，材料や状態に応じた日常着の手入れの仕方について考え，工夫している。 **・ワークシート**	①衣服の選択，材料や状態に応じた日常着の手入れの仕方について，課題の解決に主体的に取り組もうとしている。 **・ワークシート** **・行動観察**
実践活動の評価・改善①	3・4	**○衣服の選択，材料や状態に応じた日常着の手入れの仕方について，実践を評価したり改善したりすることができる。** ・グループごとに，取扱説明書作成に必要な実験を行ったり内容をまとめたりする。 ・異なるテーマの2～3グループで説明書の内容を発表し合い，疑問点，改善点を		③衣服の選択，材料や状態に応じた日常着の手入れの仕方について，実践を評価したり改善した	②衣服の選択，材料や状態に応じた日常着の手入れの仕方について，課題解決に向けた一連の活

		出し合う。 ・取扱説明書の内容を改善する。		りしている。 **・ワークシート** **・各自の取扱説明書（下書き）**	動を振り返って改善しようとしている。 **・ワークシート**
課題解決に向けた実践活動	〔2〕 5・6	**○衣服と社会生活との関わりが分かり，目的に応じた着用，個性を生かす着用及び衣服の適切な選択について理解するとともに，衣服の選択，材料や状態に応じた日常着の手入れの仕方の課題解決に向けた一連の活動について，考察したことを論理的に表現することができる。** ・制服の社会的な側面に着目したグループの取扱説明書紹介を聞き，社会生活と関わりのある衣服の例をあげる。 ・組成表示や取扱い絵表示等衣服の表示についてまとめたグループの取扱説明書紹介を聞き，表示についての情報を整理する。 ・TPOに応じた衣服を選択する。	①衣服と社会生活との関わりが分かり，目的に応じた着用，個性を生かす着用について理解している。 **・ペーパーテスト** ②衣服の適切な選択について理解している。 **・ワークシート**	④衣服の選択，材料や状態に応じた日常着の手入れの仕方の課題解決に向けた一連の活動について，考察したことを論理的に表現している。 **・取扱説明書**	
	7・8	**○衣服の計画的な活用の必要性，衣服の材料や状態に応じた日常着の手入れについて理解しているとともに，適切にできる。** ・材料や汚れに応じた洗濯についてまとめたグループの取扱説明書紹介を聞き，日常着の手入れについて，具体例をあげてまとめる。 ・丈夫な補修方法についてまとめたグループの取扱説明書紹介を聞き，ボタン付け，スナップ付け，まつり縫いについての技能を身に付ける。 ・衣服の計画的な活用の必要性についてまとめたグループの取扱説明書紹介を聞き，自分の手持ちの衣服をもとに，必要な衣服の購入計画を考える。	③衣服の材料や汚れに応じた日常着の洗濯の仕方について理解しているとともに，適切にできる。 **・ワークシート** **・ペーパーテスト** ④衣服の状態に応じた日常着の手入れについて理解しているとともに，適切にできる。 **・技能テスト** ⑤衣服の計画的な活用の必要性について理解している。 **・ワークシート**		
実践活動の評価・改善②		**○衣服の選択，材料や状態に応じた日常着の手入れの仕方について，実践を評価したり改善したりすることができる。** ・各グループの取扱説明書についての発表を聞いて，自分の衣生活に取り入れられること，改善できることをあげるとともに，新たな課題を見付け，次の実践に取り組もうとする。 ・各グループの取扱説明書の内容を踏まえ，自分の衣生活での実践を振り返って評価し，改善する。 ・よりよい衣生活にするために，これからできることについて考え記録する。		③健康・快適で持続可能な衣生活を送るための課題解決について，実践したり結果を評価・改善したりしている。 **・ワークシート**	③よりよい衣生活の実現に向けて，衣服の選択，材料や状態に応じた日常着の手入れの仕方について工夫し創造し，実践しようとしている。 **・ワークシート**

3 「主体的に学習に取り組む態度」の評価の実際

この題材では，次年度の１年生のために制服の取扱説明書をつくるという課題解決に向けて，各グループのテーマ，その中での個人の課題について主体的に粘り強く取り組もうとしているか，調べたり実験したりした結果を吟味し，よりよくする方法を考えたり別の方法に変更したりするなど，学習を調整しようとしているかについて評価します。そして，衣生活に関わる各グループの発表内容から，自分自身の衣生活についてヒントを得て実践に取り組もうとしているかについて評価します。

２時間目の評価規準①については，取扱説明書の内容に関するアイデア，作業内容を考える場面において，ワークシートの内容やグループ内での行動観察から判断します。詳細については本時の展開例に示しています。

３・４時間目の評価規準②については，取扱説明書を作成するための実験を行ったり調べたりした内容をまとめ，他のグループと発表し合う場面において，疑問点や改善点を互いに出し合い，自らの活動を自己評価して振り返って改善しようとしたかについて評価を行います。例えば，自分の考えをみつめた経緯を記述し，他の生徒からもらった意見を反映させて改善策を見いだそうとしている場合を「おおむね満足できる」状況（B）と判断しています。「努力を要する」状況（C）と判断される生徒に対しては，衣服の選択，材料や状態に応じた日常着の手入れについてなどについてまとめた資料を確認したり，他の生徒の意見を参考にして改善策を考えたりするように促すとともに，教師からヒントを与えることが考えられます。また，改善策を提示するためにさらに実証を行ったり条件を変えて実験を行ったりしようとしている場合を，「十分満足できる」状況（A）と判断することが考えられます。

■ワークシートの一部　※「おおむね満足できる」状況（B）と判断した生徒の具体的な例

４　取扱説明書の内容について交流

意見をくれた人	意見の内容
Aさん	ホコリと皮脂がくっつくととれにくくなる理由も説明すると説得力が増す
Bさん	水よりもぬるま湯の方が汚れがよく落ちるのはなぜか
Cさん	しばらくつけておくやり方にする理由は何か

☆ほかの人から

理由を書くと説得力が増す

という意見をもらい、

自分の取扱説明書を見直して，理由が書けていない

と思ったので

ホコリと皮脂が混ざった様子を図で説明し，温度による汚れの落ち方の違いのグラフを入れて理由を説明することにした。

態②

８時間目の評価規準③については，これまでの学習を振り返る場面において，思考・判断・表現③とあわせてワークシートから評価します。本題材の１時間目で設定した題材全体を貫く課題に立ち戻り，取扱説明書の内容だけでなく自分の衣生活における課題を見付け，具体的な改善策に触れて，実践しようとしている場合を，「おおむね満足できる」状況（B）と判断しています。その際，「努力を要する」状況（C）と判断される生徒に対しては，特に自分が担当して作成した取扱説明書の内容を振り返らせるとともに，他のグループが発表した内容についての記録を一緒に確認しながら，自分の衣生活につながる課題を具体的に思い描くよう促して，実践への意欲をもたせることが考えられます。また，自分自身の衣生活にとどまらず，家族全体の衣生活の改善点や，社会，世界の現状にまで視野を広げてチャレンジしたいという意欲が見える場合，「十分満足できる」状況（A）と判断することが考えられます。

■ワークシートの一部

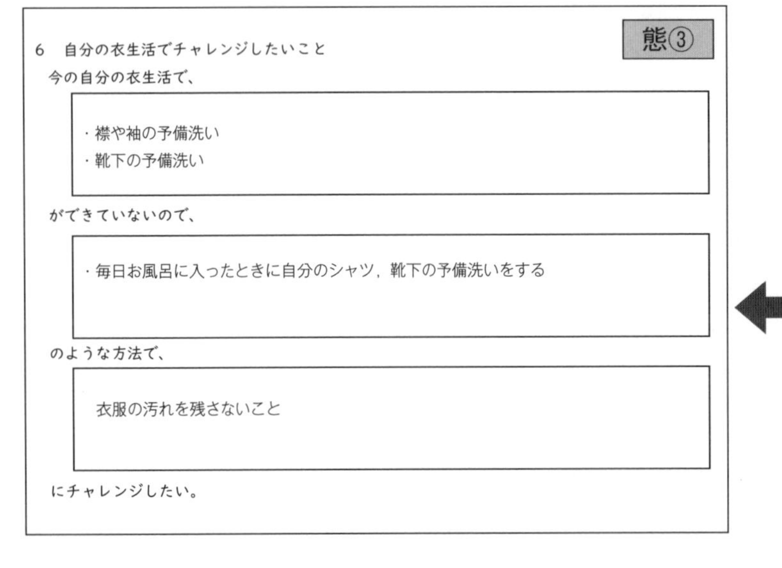

態③

6　自分の衣生活でチャレンジしたいこと

今の自分の衣生活で、

・襟や袖の予備洗い
・靴下の予備洗い

ができていないので、

・毎日お風呂に入ったときに自分のシャツ，靴下の予備洗いをする

のような方法で、

衣服の汚れを残さないこと

にチャレンジしたい。

※「十分満足できる」状況（A）と判断した生徒の具体的な例

- 自分の衣服の予備洗い
- 着ない服の整理
- 家族それぞれが自分の衣服の予備洗いをするよう話し合う
- 衣替えの時期を使って家族の衣服を整理する
- 不要な衣服を切って掃除に使う
- 収納スペースに余裕をもたせ，衣服を長持ちさせること

4 本時の展開例（2／8時間）

❶ 小題材名

制服の取扱説明書をつくろう

❷ 本時のねらい

取扱説明書の作成に必要な内容を具体化することができる。

❸ 学習活動と評価

時間	学習活動（下線はICT活用場面）	指導上の留意点	評価場面・評価方法
（分） 5	1．本時の学習課題を確認する。	・前時の学習を振り返り，グループのテーマを確認する。	
	取扱説明書作成のための企画会議をやろう		
10	2．グループのテーマに沿った取扱説明書の構成，各自の分担を決定する。 〈グループのテーマ例〉 ・襟までピカピカ，シャツの洗い方 ・印象ばっちり，ズボン・スカートの折り線を保つには ・帰宅後すぐに，これだけは ・これなら長持ち，スナップ，ボタン ・汚れをつきにくくするために ・制服の歴史　等	・グループ内での分担を明確にし，各自の作業を持ち寄ることで役立つ取扱説明書になることを確認する。 ・前時にグループのテーマを決める際，衣生活の学習内容を幅広く網羅するよう留意しておく。	
30	3．各自の分担する内容について，個人のテーマを決め，設定理由と調べ方をワークシートに記入する。	・グループ内で同じ内容にならないよう確認する。	[思①②] 分担した内容について調べ方や深め方を考える場面 ・ワークシート
	4．各自で調べ学習を進める。仮説を立て，次時に作業する内容や準備物をリストアップする。	・仮説と検証内容が合致しているかを確認する。	
	5．各自で進めた内容をグループ内で交流し，気付いたことを助言し合う。	・グループで作成する取扱説明書の全容を意識させる。	[態①] 取扱説明書の内容に関するアイデア，作業内容を考える場面 ・行動観察 ・ワークシート
5	6．本時を振り返り，次時に作業する内容，それまでに行うことを確認する。		

❹ 学習評価の工夫

本時の**「思考・判断・表現」の評価規準①②**については，グループごとに異なる取扱説明書の中で自分が分担する内容に関して，調べ方や深め方を考える場面で，テーマ設定とその具体的内容や解決方法についてのワークシートの記述内容から評価します。

「思考・判断・表現」の評価規準①について，生徒Kは，グループのテーマに基づいて自分の課題を設定していることから「おおむね満足できる」状況（B）と判断しました。その際，「努力を要する」状況（C）と判断される生徒に対しては，前時にグループで話し合った内容を思い起こさせながら生徒の衣生活に関わりのありそうな例を提示し，一緒に課題を設定していくことが考えられます。

また，「いつも先に襟を洗うように言われているので」等，グループのテーマに加え，自分の衣生活と関わらせて課題の設定ができている場合を，「十分満足できる」状況（A）と判断することが考えられます。

「思考・判断・表現」の評価規準②について，生徒Kは，具体的に調べた内容をもとにして課題を解決するための計画（仮説）を考えていることから，「おおむね満足できる」状況（B）と判断しました。その際，「努力を要する」状況（C）と判断される生徒に対しては，課題に関わる内容を一緒に調べたりしながら生徒自身が気付いた点を肯定し，そこから計画（仮説）を導き出すよう支援します。

■ワークシートの一部　生徒K　※「おおむね満足できる」状況（B）と判断した生徒の具体例

2　自分が担当する内容

自分のテーマ	襟袖汚れの正体は？　思①
テーマ設定の理由	どうすれば一番効率よく汚れが落ちるのか知りたいと思ったから
調べ方・深め方	教科書，図書室の参考資料，インターネットの情報 襟袖汚れの成分を調べ，有効な対処法を探す
調べたこと・分かったこと（予備調査）	・襟袖汚れの正体は「皮脂」「ホコリ」 ・襟や袖は下着をはさまず直接肌に触れるので，汚れがつきやすい ・皮脂は黄ばみ，ホコリが混ざると黒ずむ ・皮脂は酸性なのでアルカリ性を使って汚れを落とすとよい
考えたこと（仮説）	・皮脂がホコリとくっつくと汚れはさらにとれにくくなる ・机にホコリがあると袖が汚れるので，掃除も大切 ・皮脂は脂なので，水よりもぬるま湯の方が落ちやすいと思う ・だからお風呂に入ったときに襟袖だけ自分で洗っておくとよい　思②

本時の**「主体的に学習に取り組む態度」の評価規準①**については，取扱説明書の内容に関するアイデア，作業内容を考える場面において，ワークシートの内容やグループ内での行動観察から評価します。生徒Kは，仮説を検証するための方策を調べたり，実験して解明したりしようとしていることから，「おおむね満足できる」状況（B）と判断しました。

また，実際に自分が手入れをする場面も思い描き，調べた内容を関連付けながら仮説を立てるだけでなく，複数回検証を行ったり，写真を残したりして客観的に比較できるデータを用いる，実験結果を多角的に分析している等，課題の解決に主体的に取り組もうとしている場合を，「十分満足できる」状況（A）と判断することが考えられます。

さらに，行動観察において，自分の担当している内容だけでなく，グループのテーマに基づいて取扱説明書全体を見通して内容の考察を行っている場合を，「十分満足できる」状況（A）と判断することが考えられます。

■ワークシートの一部　生徒K

2　自分が担当する内容

実験・準備物・調査（検証）	・お風呂で予備洗い，沸かしたお湯で予備洗い，予備洗いなしの3通りの洗い方で汚れの落ち方を比較する（予備洗いには固形石けんを使う） 態①
結論（評価・改善）	・お湯の温度が高い方が汚れは落ちる ・お風呂に入って最初に，石けんを溶かしたお湯にしばらくつけておいてから洗う方法が効率がいい

※「十分満足できる」状況（A）と判断した生徒の具体的な例

実験・準備物・調査（検証）	・お風呂で予備洗い，沸かしたお湯で予備洗い，予備洗いなしの3通りの洗い方で汚れの落ち方を比較する（予備洗いには固形石けんを使う） ・家で3日間かけて比較実験をして，写真を撮ってくる
結論（評価・改善）	・お湯の温度が高い方が汚れは落ちる ・最初石けんなしで予備洗いをしてみたら，すべりが悪く全然落ちなかった ・お風呂に入って最初に，石けんを溶かしたお湯にしばらくつけておいてから洗う方法が効率がいい

第1学年の1学期にこの題材を学習することで，仮説をたてて検証し，評価・改善を行って考えを見直すという学習スタイルを経験し，これからの中学校での学習の進め方もあわせて身に付けることができます。そして，実際に新入生に制服の取扱説明書を渡す年度末には，年度当初の学習を振り返ることにもなり，知識・技能を確実に習得することにつながると考えられます。

（高松　幸織）

第2学年

6 家族の思いを大切に生活を豊かにするものを作ろう

B　衣食住の生活　⑸アイ

1　題材について

この題材は，「B衣食住の生活」の⑸「生活を豊かにするための布を用いた製作」のア及びイとの関連を図っています。生活を豊かにするための布を用いた製作について課題をもち，それらに関する基礎的・基本的な知識及び技能を身に付け，これからの生活を展望して課題を解決する力や，持続可能な衣生活を工夫し創造しようとする実践的な態度を育成することをねらいとしています。題材のはじめに，自分の「衣服調べ」を行い「サスティナブルファッション」について知ることで「持続可能な衣生活」を送るための「課題」を設定し，衣服等を再利用した製作の実践を振り返って評価したり，改善したりすることを通して，生活を工夫し創造しその解決を図る題材構成としています。

本事例では，快適で持続可能な衣生活について課題解決に向けた一連の学習過程における「主体的に学習に取り組む態度」の評価について具体的に示しています。

❶　題材の目標

⑴　衣服の計画的な活用の必要性や製作する物に適した材料や縫い方，用具の安全な取扱いについて理解するとともに，それらに係る技能を身に付ける。

⑵　生活を豊かにするための布を用いた物の製作計画や製作について問題を見いだして課題を設定し，解決策を構想し，実践を評価・改善し，考察したことを論理的に表現するなどして課題を解決する力を身に付ける。

⑶　よりよい生活の実現に向けて，生活を豊かにするための布を用いた製作について，課題の解決に主体的に取り組んだり，振り返って改善したりして，生活を工夫し創造し，実践しようとする。

❷　題材の評価規準

知識・技能	思考・判断・表現	主体的に学習に取り組む態度
・衣服の計画的な活用の必要性について理解している。 ・製作する物に適した材料や縫い方について理解しているとともに，製作が適切にできる。 ・用具の安全な取扱いについて理解しているとともに，適切にできる。	資源や環境に配慮し，生活を豊かにするための布を用いた物の製作計画や製作について問題を見いだして課題を設定し，解決策を構想し，実践を評価・改善し，考察したことを論理的に表現するなどして課題を解決する力を身に付けている。	よりよい生活の実現に向けて，生活を豊かにするための布を用いた製作について，課題の解決に主体的に取り組んだり，振り返って改善したりして，生活を工夫し創造し，実践しようとしている。

2 指導と評価の計画（全8時間）

〔1〕自分の衣服を見つめ直そう　2時間
〔2〕家族の生活を豊かにするものを作ろう　5時間
〔3〕サスティナブルファッションに取り組むために　（本時8／8）1時間

学習過程	〔次〕時間	○ねらい・学習活動	評価規準・評価方法		
			知識・技能	思考･判断･表現	主体的に学習に取り組む態度
生活の課題発見	〔1〕1	**○衣服の計画的な活用の必要性について理解することができる。** ・家で行った「衣服調べ」や「家族へのインタビュー」から気が付いたことをワークシートにまとめる。 ・気が付いたことをグループで共有する。 ・環境省の「サスティナブルファッション」のデータから気になることを取り出し，自分の衣生活で「サスティナブル」を目指して取り組むことを考えることを通して学習の見通しをもつ。	①衣服の計画的な活用の必要性について理解している。 **・ワークシート** **※ペーパーテスト**		
	2	**○家族の生活を豊かにするための衣服等の再利用について問題を見いだし，課題を設定することができる。** ・「家族の生活を豊かにするもの」の製作計画の条件を確認し，課題を設定する。 〈条件〉 ①「衣服調べ」の結果を活用し，使っていない衣服等を利用する。 ②家族の生活を豊かにするために必要なものを製作する。 ③小学校やこれまでに学習した技能を生かす。 ④計画を含め5時間で製作する。		①自分や家族の衣服等の再利用について，問題を見いだして課題を設定している。 **・製作計画表**	①衣服等の再利用の製作計画や製作について，課題の解決に主体的に取り組もうとしている。 **・学びのプラン** **・行動観察**
解決方法の検討と計画／課題解決に向けた実践活動	〔2〕3・4・5・6・7	**○衣服等を再利用し，家族の生活を豊かにする物の製作計画について「家族へのインタビュー」をもとに考え，工夫するとともに，製作することができる。** ・再利用する衣服等の素材や特徴を生かして，家族の生活を豊かにする物の製作計画を立てる。 〈例〉ワイシャツやブラウスの前身頃や袖を生かしてバッグやティッシュボックスやクッションのカバー，エプロンなどを作る。 ・製作計画に沿って製作する。 **○衣服等を再利用した製作において製作方法を評価したり，改善したりすることができる。** ・よりよいものを製作するために製作方法を改善する。	②用具の安全な取扱いについて理解しているとともに，適切にできる。 **・行動観察** **※ペーパーテスト** ③製作する物に適した材料や縫い方について理解しているとともに，製作が適切にできる。 **・製作計画表** **・再利用作品**	②衣服等の再利用の製作計画について考え，工夫している。 **・製作計画表** ③衣服等を再利用した製作方法を評価したり，改善したりしている。 **・製作計画表** **・再利用作品**	②衣服等の再利用の製作計画や製作について，課題解決に向けた一連の活動を振り返って改善しようとしている。 **・学びのプラン** **・製作計画表** **・再利用作品** **・行動観察**

実践活動の評価・改善	〔3〕 8（本時）	**○衣服等を再利用した製作について振り返り，考察したことを論理的に表現するとともに，これからの自分の衣生活で「サスティナブル」を目指して取り組もうとする。** ・家族に事前にインタビューした結果をもとに，製作した作品について自己評価をし，発表シートをまとめる。 ・グループで発表する。 ・使っていない衣服等の再利用以外のサスティナブルファッションについて考える。 ・自分の衣生活で「リスティナブル」を目指して今後取り組むことを話し合う。 ・「サスティナブルファッション」に関する新たな課題を見付け，次の実践に向けて考えたことをまとめる。		④自分や家族の衣服等の再利用についての課題解決に向けた一連の活動について，考察したことを論理的に表現している。 **・発表シート** **・行動観察**	③よりよい衣生活の実現に向けて，衣服等の再利用の製作計画や製作について工夫し創造し，実践しようとしている。 **・学びのプラン**

※ペーパーテストについては，ある程度の内容のまとまりについて実施する。

3 「主体的に学習に取り組む態度」の評価の実際

この題材では，家族の生活を豊かにするための布を用いた製作について，製作する物に適した材料や縫い方，用具の安全な取扱いに関する知識及び技能を身に付けたり，衣服等を再利用することも踏まえて計画を考え，工夫したり実践を計画したりする際に，粘り強く取り組んでいるか，それらに関する学習の進め方について振り返るなど，自らの学習を調整しようとしているかについて評価します。さらに，よりよい生活の実現に向けて，「持続可能な社会の構築」の視点から環境に配慮した衣生活の大切さに気付き，家庭でも実践しようとしているかなどについて評価します。そして，学習の見通しをもたせるために「学びのプラン」という題材計画・評価計画を入れた自己評価カードを活用します。

2時間目の評価規準①については，学びのプランの課題設定についての記述内容や行動観察から評価します。家族の生活を豊かにするための衣服等の再利用について，問題を見いだし課題を設定する場面では，「家族の生活を豊かにするもの」の製作計画の条件を確認しながら粘り強く取り組んでいる場合を，「おおむね満足できる」状況（B）と判断しています。その際，「努力を要する」状況（C）と判断される生徒に対しては，「衣服調べ」の結果から自分の衣生活の課題を考えさせたり，「インタビュー」を確認したりするように促すことが考えられます。また，「衣服調べ」を通して気が付いたことをもとに，「家族のインタビュー」も踏まえて課題解決に向けて主体的に課題を設定しようとしている場合を，「十分満足できる」状況（A）と判断することが考えられます。

■学びのプラン の一部

「家族の思いを大切に　生活を豊かにするものを作ろう」　学びのプラン

題材目標：生活を豊かにするものの製作について、資源や環境に配慮し製作計画を立て、適した材料や縫い方を工夫し、用具を安全に取り扱い、製作が適切にできるようになる。

この題材で身に付けたい資質・能力
【知・技】製作する物に適した材料や縫い方，用具の安全な取扱いについて理解するとともに，それらに係る技能を身に付ける。
【思・判・表】生活を豊かにするための布を用いた物の製作計画や製作について問題を見いだして課題を設定し，解決策を構想し，実践を評価・改善し，考察したことを論理的に表現するなどして課題を解決する力を身に付ける。
【主】よりよい生活の実現に向けて，生活を豊かにするための布を用いた製作について，課題の解決に主体的に取り組んだり，振り返って改善したりして，生活を工夫し創造し，実践しようとする。

< 見方・考え方の視点：快適・安全、生活文化の継承・創造、持続可能な社会の構築>

~サスティナブルを目指して~課題を決める際に何がわかり、何をしたいと思ったかを書こう
【学習に取り組む態度】
態①

【(4) 課題解決に向けた実践：学校】

時	月日	学習のめあて	評価規準と評価方法	①本時のめあてに対してどうだったか ②気付いたこと,考えたこと,疑問・質問 ③次の授業までの目標
1	／	衣服の計画的な活用の必要性について理解しよう	【知・技】 テスト・ワークシート	

友達のアドバイスをもとに，小さい頃に着ていた思い出のある「はっぴ」をリビングの「のれん」にし，家族に喜んでもらいたい。そして他の衣服についても無駄がないか家で調べ，有効な活用方法を考える。

※「十分満足できる」状況（A）と判断した生徒の具体的な例

「衣服調べ」で見つけた「はっぴ」を使って，父の「リビングに使うもの」という条件に合うものを友達のアドバイスをもとに，「のれん」にした。家族が使うたびに「サスティナブル」を意識できるようにする。また，布の無駄をなくし，長く活用するため丈夫に製作する工夫も調べて実践する。

3～7時間目の評価規準②については，学びのプランの記述内容や製作計画表の修正部分，再利用の作品，行動観察から評価します。例えば，7時間目の衣服等の再利用の製作計画や製作について，課題解決に向けた一連の活動を振り返り，取り組んできたことをまとめる場面（学びのプラン(5)）では，再利用する衣服等を生かして製作することができたかどうかを自己評価したり，製作計画を修正したりして，よりよいものを製作しようとしたことを記述している場合を，「おおむね満足できる」状況（B）と判断しています。その際，「努力を要する」状況（C）と判断される生徒に対しては，再度3～7時間目の記述を見直し改善しようと取り組んだことがないか確認を促すことが考えられます。また，製作計画を変更したり，製作途中でよりよいものに改善しようとしたことを，根拠をもって具体的に記述している場合を，「十分満足できる」状況（A）と判断します。なお，実際に製作途中で改善した内容については，生徒が製作計画表に赤字で加筆した修正内容からも確認をします。

また，この7時間目の学びのプラン(5)は評価規準②の「記録に残す評価」であり，3～7時間目に毎時間生徒が記入する学びのプラン(4)の「本時のめあてに対してどうだったか」「気付いたこと，考えたこと，疑問・質問」「次の授業までの目標」の内容を「指導に生かす評価」としています。

8時間目の評価規準③については，学びのプランの記述内容や行動観察から評価します。題材を振り返る場面では，今まで取り組んだ衣服等の再利用の製作計画や製作を生かし，よりよい衣生活の実践に向けて工夫し創造し，実践しようとしているかを判断します。その詳細については，本時の展開例に示しています。

■学びのプランの一部

【(4)課題解決に向けた実践：学校】

時	月日	学習のめあて	評価規準と評価方法	①本時のめあてに対してどうだったか ②気付いたこと,考えたこと,疑問・質問 ③次の授業までの目標
1	／	衣服の計画的な活用の必要性について理解しよう	【知・技】 テスト・ワークシート	
2	／	衣生活の問題を見出し、課題を設定しよう	【思・判・表】【主】 学びのプラン・製作計画表	
3	／	生活を豊かにするものの製作計画を立てよう	【知・技】【思・判・表】【主】 作品・製作計画・学びのプラン	
4	／	布などの材料の特徴を理解し、目的に応じた縫い方や製作をしよう	【知・技】【思・判・表】【主】 作品・製作計画・学びのプラン	
5	／	布の無駄のない使い方などを意識して製作しよう	【知・技】【思・判・表】【主】 作品・製作計画・学びのプラン	
6	／	用具を安全に取り扱い、製作しよう	【知・技】【思・判・表】【主】 作品・製作計画・学びのプラン	
7	／	計画を見直しながら、よりよい作業方法で取り組もう	【知・技】【思・判・表】【主】 作品・製作計画・学びのプラン	
8	／	製作について振り返り、今後の自分の衣生活の課題を見つけよう	【思・判・表】【主】 共有シート・学びのプラン	

学びのプラン(4)　態②

指導に生かす評価

【(5)実践活動の評価・改善：学校】

～サスティナブルを目指して～製作時の活動を上の3～7時間目の記述から振り返り，課題解決に向けて計画から完成まで製作方法を改善するために取り組んだことを書こう【主体的に学習に取り組む態度】

学びのプラン(5)　態②　　記録に残す評価

自分のＴシャツから妹のバッグを作っていたが，縫いづらかった。そのため，妹が着ることができなくなったワンピースにして製作をしなおした。

※「十分満足できる」状況（A）と判断した生徒の具体的な例

自分のＴシャツから妹のバッグを作っていたが，布地が薄く，伸びやすくて縫いづらかった。教科書で布の性質を調べ，妹が着ることができなくなったワンピースにして製作をしなおした。そのことで妹の思い出も残せるようにした。

■製作計画表の一部

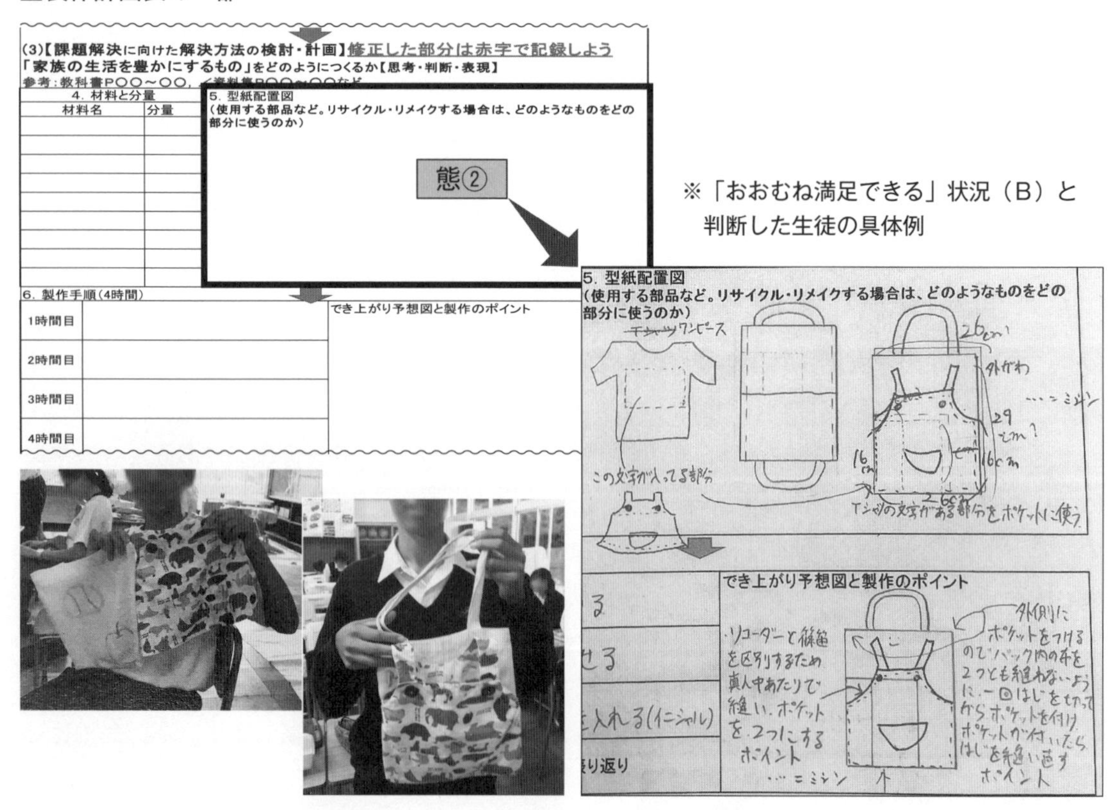
(3)【課題解決に向けた解決方法の検討・計画】修正した部分は赤字で記録しよう
「家族の生活を豊かにするもの」をどのようにつくるか【思考・判断・表現】
参考：教科書P○○～○○，資料集P○○～○○など

4. 材料と分量

材料名	分量

5. 型紙配置図
(使用する部品など。リサイクル・リメイクする場合は、どのようなものをどの部分に使うのか)

態②

6. 製作手順(4時間)

1時間目	
2時間目	
3時間目	
4時間目	

でき上がり予想図と製作のポイント

※「おおむね満足できる」状況（B）と判断した生徒の具体例

5. 型紙配置図
(使用する部品など。リサイクル・リメイクする場合は、どのようなものをどの部分に使うのか)

でき上がり予想図と製作のポイント

4 本時の展開例（8／8時間）

❶ 小題材名

サスティナブルファッションに取り組むために

❷ 本時のねらい

衣服等を再利用した製作について振り返り，考察したことを論理的に表現するとともに，これからの自分の衣生活で「サスティナブル」を目指して取り組もうとする。

❸ 学習活動と評価

時間	学習活動（下線はICT活用場面）	指導上の留意点	評価場面・評価方法
（分） 5	1．本時の学習課題を確認し，学習の見通しをもつ。	・本時の学習課題と学習の進め方を確認する。	
	製作した作品について製作を振り返り，実践を交流することで，「サスティナブルファッション」の取組に生かそう		
5	2．再利用の作品を使用した家族の感想等も参考に，製作を振り返り，作品について<u>自己評価</u>をし，発表シートをまとめる。	・共有シートを記入しながら，自分が設定した目標やこれまでの実践を振り返るように助言し，自己評価を記入させる。	
15	3．「家族の生活を豊かにするもの」の作品とその取組をグループで発表する。 ・友達の作品を見ながら発表を聞き，よいところを<u>相互評価</u>し，参考になるところをワークシートにまとめ，それをもとに意見交流する。		[思④] 実践について振り返り，発表する場面 ・行動観察 ・発表シート
10	4．これまでの学習を振り返り，自分の衣生活で「サスティナブル」で取り組めたこと，今後取り組みたいことを考える。 ・「使っていない衣服等を再利用する方法を考えてみる」以外のサスティナブルファッションには何があるかを考える。	・1時間目に学習した環境省の「サスティナブルファッション」のデータから考えた「自分の衣生活で『サスティナブル』を目指して取り組むことができそうなこと」について確認させる。	

10	5．自分の衣生活で「サスティナブル」を目指して今後取り組むことを話し合う。	・考えを交流することにより，様々な取組があることに気付かせる。	[態③] これからの生活を展望する場面 ・学びのプラン
5	6．「サスティナブルファッション」に関する新たな課題を見付け，次の実践に向けて考えたことをまとめる。	・日常的に「サスティナブル」を意識し，主体的に取り組もうとする意欲を高める。	

❹ 学習評価の工夫

本時の**「思考・判断・表現」の評価規準**④については，発表シートの記述内容や行動観察から評価します。発表シートには「作った作品は家族の生活を豊かにしていますか？　資源や環境に配慮した作品になっていましたか？　わかったことや身に付いたこと，使ってみて気付いたことなどを，みんなに伝わるようにまとめよう」という設問が書かれています。

生徒Kは，「持続可能な社会の構築」の視点から，今まで取り組んだ衣服等の再利用の製作計画や製作を振り返り，考察したことを筋道を立ててまとめていることから，「おおむね満足できる」状況（B）と判断しました。その際，「努力を要する」状況（C）と判断される生徒に対しては，２時間目に設定した課題を確認させ，何ができて何が必要だったかを振り返るように助言したり，他の生徒の発表を参考にしたりするよう促すことが考えられます。また，自分の考えたことを根拠や理由を明確にして具体的に記述している場合を，「十分満足できる」状況（A）と判断することが考えられます。

また**「主体的に学習に取り組む態度」の評価規準**③については，学びのプラン(6)の記述内容や行動観察から評価します。

生徒Sは，「持続可能な社会の構築」の視点から，製作について振り返りこれからの生活を展望する場面では，今まで取り組んだ衣服等の再利用の製作計画や製作を生かし，よりよい衣生活の実現に向けて，工夫し実践しようとしていることから，「おおむね満足できる」状況（B）と判断しました。その際，「努力を要する」状況（C）と判断される生徒に対しては，これまでの学習を振り返るように助言したり，他の生徒の発表を参考にしたりするよう促すことが考えられます。また，自分の作品作りを通して学んだことを，これからの生活にどのように生かすのか具体的に記述している場合を，「十分満足できる」状況（A）と判断することが考えられます。

■発表シート　生徒K

「家族の思いを大切に　生活を豊かにするものを作ろう」
【発表シート】

④【実践活動の評価・改善：学校】
<見方・考え方の視点：快適・安全、生活文化の継承・創造、持続可能な社会の構築>

1，作った作品を家庭で使ってみて、作った作品は家族の生活を豊かにしていますか？
家族のインタビューをまとめよう（家庭で行う課題）

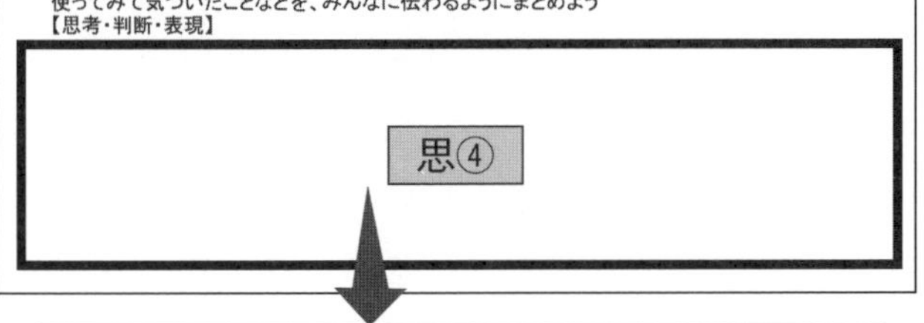

2，作った作品を家庭で使ってみて、作った作品は家族の生活を豊かにしていますか？
また資源や環境に配慮した作品になっていましたか？製作をしてわかったことや身に付いたこと、使ってみて気づいたことなどを、みんなに伝わるようにまとめよう
【思考・判断・表現】

思④

Ｙシャツでエプロンを作ることを考え，不要になったリュックの留め具の部分も活用したり，友達からのアドバイスをもとに，肩ひもを前立てで作ったりした。使った母からは「肩ひもが丈夫で使いやすい」と喜んでもらえた。工夫すれば材料を無駄なく使い切ることができることがわかった。

※「十分満足できる」状況（A）と判断した生徒の具体的な例

お父さんが着なくなったＹシャツでエプロンを作ることを考え，友達からのアドバイスをもとに肩ひもを前立てで作ることにした。母からは「肩ひもが丈夫で使いやすい」と喜ばれた。しかし，父からは「留め具が着ると重く感じる」と言われた。今後は不要になったものをそのまま使うのではなく，適切な使い方も考え，資源を大切にしていきたい。

■学びのプランの一部　生徒S

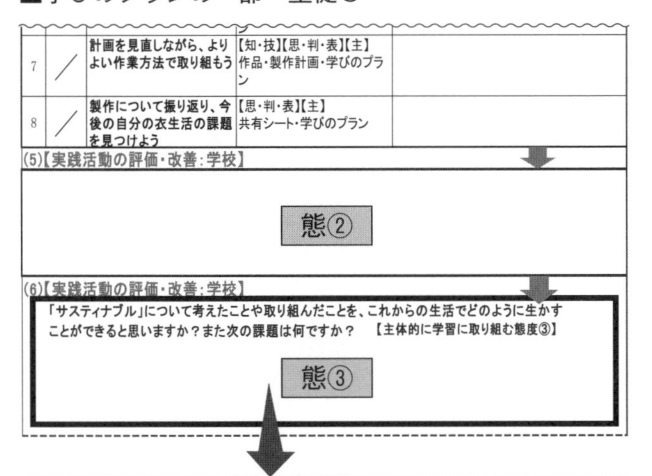

7	／	計画を見直しながら、よりよい作業方法で取り組もう	【知・技】【思・判・表】【主】作品・製作計画・学びのプラン	
8	／	製作について振り返り、今後の自分の衣生活の課題を見つけよう	【思・判・表】【主】共有シート・学びのプラン	

(5)【実践活動の評価・改善：学校】

態②

(6)【実践活動の評価・改善：学校】

「サスティナブル」について考えたことや取り組んだことを、これからの生活でどのように生かすことができると思いますか？また次の課題は何ですか？　【主体的に学習に取り組む態度③】

態③

レインコートから弟のシューズケースを作ったことで，着られなくなっても工夫してさらに活用できることがわかった。これからも，使えなくなったらすぐに廃棄するのではなく，今回の製作のように工夫して使えないかを考え，実行したい。

※「十分満足できる」状況（A）と判断した生徒の具体的な例

着られなくなったレインコートも，使える部分を考え，縫って再利用するだけで，弟のシューズケースになり，喜んでもらうことができた。今後は本当に必要かどうかよく考えて購入する。汚れやしみが付いた服なども，洗濯やしみ抜きをして使うことも含め，衣服の素材や形を生かして有効活用できるようにしたい。

（海野　功子）

第2学年

7 家族のための安全な「住まいプロジェクト」

B　衣食住の生活　(6)ア(ア)(イ)イ

1　題材について

この題材は,「B衣食住の生活」の(6)「住居の機能と安全な住まい方」アの(ア)(イ)及びイとの関連を図っています。課題をもって,健康・快適・安全で豊かな住生活に向けて考え,工夫する活動を通して,家族の生活と住空間との関わり,住居の基本的な機能,家族の安全を考えた住空間の整え方に関する知識及び技能を身に付け,住生活の課題を解決する力を養い,住生活を工夫し創造しようとする実践的な態度を育成することをねらいとしています。

本事例では,家族のための安全な「住まいプロジェクト」での課題解決に向けた一連の学習過程における「主体的に学習に取り組む態度」の評価について具体的に示しています。

❶　題材の目標

(1)　家族の生活と住空間との関わり,住居の基本的な機能,家庭内の事故の防ぎ方など家族の安全を考えた住空間の整え方について理解する。

(2)　家庭内の事故や自然災害における家族の安全を考えた住空間の整え方について問題を見いだして課題を設定し,解決策を構想し,実践を評価・改善し,考察したことを論理的に表現するなどして課題を解決する力を身に付ける。

(3)　家族や地域の人々と協働し,よりよい生活の実現に向けて,住居の機能と安全な住まい方について,課題の解決に主体的に取り組んだり,振り返って改善したりして,生活を工夫し創造し,実践しようとする。

❷　題材の評価規準

知識・技能	思考・判断・表現	主体的に学習に取り組む態度
・家族の生活と住空間との関わりが分かり,住居の基本的な機能について理解している。 ・家庭内の事故の防ぎ方など家族の安全を考えた住空間の整え方について理解している。	家庭内の事故や自然災害における家族の安全を考えた住空間の整え方について問題を見いだして課題を設定し,解決策を構想し,実践を評価・改善し,考察したことを論理的に表現するなどして課題を解決する力を身に付けている。	家族や地域の人々と協働し,よりよい生活の実現に向けて,住居の機能と安全な住まい方について,課題の解決に主体的に取り組んだり,振り返って改善したりして,生活を工夫し創造し,実践しようとしている。

2 指導と評価の計画（全8時間）

〔1〕家族の生活と住空間との関わり　2時間
〔2〕家族の安全を考えた住空間の整え方　（本時5／8）3時間
〔3〕家族の安全を考えた「住まいプロジェクト」の提案　3時間

学習過程	〔次〕時間	○ねらい・学習活動	評価規準・評価方法		
			知識・技能	思考・判断・表現	主体的に学習に取り組む態度
生活の課題発見	〔1〕1・2	**○家族の生活と住空間との関わりが分かり，住居の基本的な機能について理解することができる。** ・簡単な図などを活用し，S家の生活行為がどのような住空間で行われているか，話し合う。 ・和式と洋式の住空間の使い方で気付いたことを話し合う。 ・住居の基本的な機能について考え，グループで交流し，全体で発表し合う。	①家族の生活と住空間との関わりについて理解している。 ・ワークシート ②住居の基本的な機能について理解している。 ・ワークシート		
	〔2〕3	**○家族の安全を考えた「住まいプロジェクト」の問題を見いだし，課題を設定することができる。** ・S家（幼児や高齢者を含む）の住空間の図について，これまで学習した幼児や高齢者の身体特徴を踏まえて，危険な箇所を記入し，問題点をグループで話し合う。 ・「住まいプロジェクト」の課題を設定する。 ・学習の見通しをもつ。		①「住まいプロジェクト」について問題を見いだして課題を設定している。 ・ワークシート	
	4	**○家庭内の事故の防ぎ方など，家族の安全を考えた住空間の整え方について理解することができる。** ・中村家の住空間の図から家庭内の事故につながる危険な箇所を見付け，その理由を各自で記入する。 ・家庭内の事故の防ぎ方について，グループで「幼児」と「高齢者」に分かれて話し合い，考えをまとめ，発表し合う。 ・発表について，地域の保育園や介護施設の職員からアドバイスをもらう。	③家庭内の事故の防ぎ方など，家族の安全を考えた住空間の整え方について理解している。 ・ワークシート		

解決方法の検討と計画	5（本時）	○**自然災害（地震）に備え，家族の安全を考えた住空間の整え方について理解することができる。** ・中村家の子ども部屋のイラストから，地震の際に危険な箇所を見付け，理由とともに記入する。 ・地震に備えた住空間の整え方を各自で考え，グループで話し合い，考えをまとめ，発表し合う。 ・発表について，地域の市役所（危機対策課）や消防士からアドバイスをもらう。	④自然災害に備えた家族の安全を考えた住空間の整え方について理解している。 **・ワークシート**		①家族の安全を考えた住空間の整え方について，課題の解決に向けて主体的に取り組もうとしている。 **・ポートフォリオ** **・行動観察**
課題解決に向けた実践活動	〔3〕 6	○**家族の安全を考えた「住まいプロジェクト」の計画を考え，工夫することができる。** ・Ｓ家の住空間について，家庭内の事故を防ぎ自然災害に備えるための住空間の整え方について実践計画を作成する。 ・実践計画について，グループごとに１人１台端末や部屋の模型を使ってシミュレーションする。 〈例〉 Ａ：幼児の家庭内の事故の防ぎ方 Ｂ：高齢者の家庭内事故の防ぎ方 Ｃ：自然災害（地震）における住まいの整え方　など		②「住まいプロジェクト」の計画を考え，工夫している。 **・ワークシート**	②家族の安全を考えた住空間の整え方について，課題解決に向けた一連の活動を振り返って改善しようとしている。 **・ポートフォリオ** **・行動観察**
実践活動の評価・改善	7・8	○**家族の安全を考えた「住まいプロジェクト」について発表し，解決策等を評価したり，改善したりすることができる。** ・Ｓ家の「住まいプロジェクト」ついて発表し合う。 ・発表に対して，質問や意見を交換し，グループごとに解決策を改善する。 ・これまでの学習を振り返り，今後の実践に向けて考えたことをまとめる。		④「住まいプロジェクト」についての課題解決に向けた一連の活動について，考察したことを論理的に表現している。 **・ワークシート** ③「住まいプロジェクト」について，報告を評価したり，改善したりしている。 **・ワークシート**	③家族の安全を考えた住空間の整え方について工夫し創造し，実践しようとしている。 **・ポートフォリオ**

3 「主体的に学習に取り組む態度」の評価の実際

この題材では，家族のための安全な住まい方に関する課題解決に向けて，住空間の整え方に関する知識を身に付けたり，「住まいプロジェクト」について課題を設定し，計画を考え，工夫したり，実践を評価・改善したりする際に，粘り強く取り組んでいるか，それらに関する学習の進め方について振り返るなど，自らの学習を調整しようとしているかについて評価します。さらに，よりよい生活の実現に向けて，「安全」の視点から住空間の整え方について工夫し創造し，「住まいプロジェクト」を実践しようとしているかなどについて評価します。

3～6時間目の評価規準①については，行動観察やポートフォリオの記述内容から評価します。例えば，５時間目の自然災害に備えた住空間の整え方についての知識を習得する場面の詳細については，本時の展開例に示しています。

3～6時間目の評価規準②については，行動観察やポートフォリオの記述内容から評価します。例えば，６時間目のＳ家の家族の安全を考えた「住まいプロジェクト」を計画する場面において，幼児や高齢者にとっても安全な住空間になっているかを適切に自己評価したり，計画を修正したりして，自らの学習を調整しようとしている場合を，「おおむね満足できる」状況（Ｂ）と判断しています。その際，「努力を要する」状況（Ｃ）と判断される生徒に対しては，前時までのワークシートで「家庭内の事故の防ぎ方」や「自然災害に備えた住空間の整え方」を確認し，自分の計画を自己評価するよう促すことが考えられます。また，よりよい「住まいプロジェクト」にしようと，「計画の不十分なところ」や「さらに追究したいこと」を他の生徒のアドバイスを参考に具体的に考え，自らの学習を調整しようとしている場合を，「十分満足できる」状況（Ａ）と判断することが考えられます。

なお，評価規準①と②の学びの姿は，相互に関わり合いながら立ち現れることに留意する必要があります。

■ポートフォリオの一部　※「おおむね満足できる」状況（B）と判断した生徒の具体的な例

3 今日の学習を振り返って

授業日	学習課題	○できるようになったこと △できなかったこと	できるようになるまで取り組んだこと
〜	〜	〜	〜
10月14日	「住まいプロジェクト」を工夫しよう	○自然災害の備えについて，高齢者については考えることができた。 △幼児については，もう少し具体的に考えた方がいいと思った。幼児の特徴をさらに調べ，よりよい「住まいプロジェクト」を考えていきたい。 態②	今まで学習してきたことをもとにS家の「住まいプロジェクト」を考えた。特に，高齢者における自然災害への備えについて他に方法がないか，インターネットを活用して調べた。

８時間目の評価規準③については，学習を振り返る場面でポートフォリオの記述内容から評価します。「住まいプロジェクト」について発表したり，解決策等を評価したり改善する場面において，他の生徒の意見を参考に，新たな課題を見付け，次の実践に取り組もうとする記述が見られる場合を，「おおむね満足できる」状況（B）と判断しています。その際，「努力を要する」状況（C）と判断される生徒に対しては，今までの学習を確認したり，他の生徒の意見を参考にしたりするよう促すことが考えられます。また，実践を通して，新たな課題を見付け，改善に向けた意欲だけでなく，その課題解決に向けて具体的な活動についても記述している場合を，「十分満足できる」状況（A）と判断することが考えられます。

■ポートフォリオ

1 題材を貫く課題

家族のための安全な住まいプロジェクト

2 課題の設定

〈設定した課題〉

〈その理由〉

3 今日の学習を振り返って

授業日	学習課題	○できるようになったこと △できなかったこと	できるようになるまで取り組んだこと
10月6日	家庭内の事故の原因と防ぎ方を考えよう		
10月12日	自然災害に備えた住空間の整え方を考えよう		
10月14日	「住まいプロジェクト」を工夫しよう		
10月18日	「住まいプロジェクト」を評価・改善しよう		

4 これからあなたが実践していきたいことは何ですか？

・自分の住まいにもあてはめて，危険な箇所はないか点検し，家族にとっての「住まいプロジェクト」も考えていきたい。
・他の人の「住まいプロジェクト」を聞いて，自然災害が起きたそのときの備えだけでなく，二次災害や避難するときに持ち出す物についても具体的に考えた方がいいと思った。

態③

※「十分満足できる」状況（A）と判断した生徒の具体的な例

……（中略）。
・我が家で特に事故が多い階段について，家族全員で話し合い，対策を考え計画的に取り組んでいきたい。
・さらに，家族にインタビューしたり，地域の防災訓練にも参加したりして，高齢者が自然災害時にどのようなことに困るかを探り，よりよい「住まいプロジェクト」を考えていきたい。

4 本時の展開例（5／8時間）

❶ 小題材名

家族の安全を考えた住空間の整え方

❷ 本時のねらい

自然災害（地震）に備え，家族の安全を考えた住空間の整え方について理解することができる。

❸ 学習活動と評価

時間	学習活動（下線は ICT 活用場面）	指導上の留意点	評価場面・評価方法
（分） 5	1．住んでいる地域内で近年に起きた地震や水害を思い出し，自然災害に対する自分の家での備えについてペアで話し合う。 2．本時の学習課題を確認する。 地震に備えた住空間の整え方について調べよう	・自然災害に対する住空間の整え方について事前に家族にインタビューし，住生活の整え方への関心を高める。	
5	3．<u>中村家の子ども部屋のイラストから，地震の際に危険な箇所を各自で見付け，理由とともにデジタル付箋に記入する。</u>	・家具の転倒・落下・移動などの視点から危険な箇所を見付け出すことができるようにする。	
10	4．<u>地震に備えた住空間の整え方をグループで話し合い，考えをまとめ，デジタル付箋に記入する。</u> ・寝ているところに本棚が倒れてこないように，本棚の位置を変える。 ・ガラス飛散防止フィルムを貼る。 ・逃げ道を妨げないように，机の上を整理しておく。	・住空間の整え方を具体的にまとめ，記入するように助言する。	[態①] 地震に備えた住空間の整え方について，グループで話し合う場面 ・ポートフォリオ ・行動観察
10	5．地震に備えた住空間の整え方についてグループの考えを発表し合う。		[知・技④] 地震に備えた住空間の整え方についてまとめる場面 ・ワークシート
15	6．発表について，地域の市役所（危機対策課）や消防士からアドバイスをもらう。	・家具の配置を変えるだけでなく，突っ張り棒等の安全グッズを効果的に活用する方法もあることに気付くようにする。	
5	7．<u>本時の学習を振り返り，自然災害への備えとしての住空間の整え方について理解したことをまとめる。</u>	・前時と本時の学びをS家の「住まいプロジェクト」に活用するよう助言する。	

❹ 学習評価の工夫

本時の**「知識・技能」の評価規準**④については，地震に備えた住空間の整え方についてまとめる場面において，ワークシートの記述内容から評価します。

生徒Ｋは，「安全」の視点から，地震における危険な箇所を見付け，危険な理由と住空間の整え方について記述していることから，「おおむね満足できる」状況（Ｂ）と判断しました。その際，「努力を要する」状況（Ｃ）と判断される生徒に対しては，地震における住空間の被害に関する写真を提示して危険な箇所やその理由を確認し，住空間の整え方について具体的な方法を考えるよう助言します。

■ワークシートの一部　生徒K

※「おおむね満足できる」状況（B）と判断した生徒の具体的な例

1　**自然災害（地震）のときの「危険な箇所」と「理由」，「整え方」を考えよう。**

知・技④

（●は友達の考え）

	危険な箇所	理由	整え方
ベッドの周り	・本棚が倒れてくる。	・寝ているときに本棚が倒れてくると大けがにつながるから。	・ベッドの近くに本棚を置かない。 ●天井と本棚を突っ張り棒で固定する。
出入口	・逃げ道がふさがれる。	・机の上にあるはさみや本が落ちるから。	・机の上を常に整理・整頓しておく。 ●はさみは机の中にしまっておく。 ●出入口近くに家具を置かない。

地震が起きたときの危険な箇所と整え方をデジタル付箋で記入した例

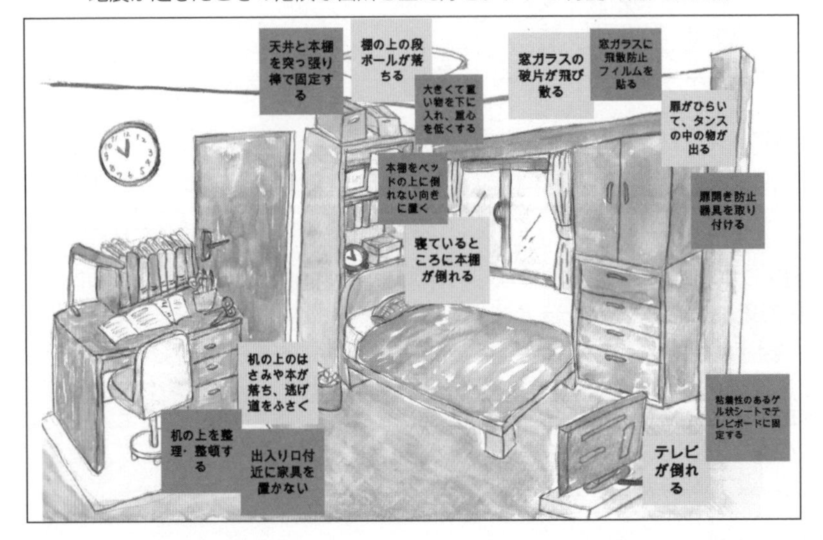

「主体的に学習に取り組む態度」の評価規準①については，自然災害（地震）に備えた住空間の整え方についてグループで話し合う場面において，ポートフォリオの記述内容や行動観察から評価します。生徒Ｋは，「安全」の視点から，自然災害（地震）に備えた住空間の整え方（家具の転倒を防止する方法等）について他の生徒に聞いたり，調べたりするなど，粘り強く探ろうとする記述が見られたことから「おおむね満足できる」状況（Ｂ）と判断しました。その際，「努力を要する」状況（Ｃ）と判断される生徒に対しては，地震が起きたときに危険な箇所を確認したり，他の生徒の意見を参考にしたりするように促します。また，他の生徒の意見を聞くだけでなく，インターネットで調べたり，家族にインタビューするなどしてさらに課題を追究しようとする記述が見られた場合を，「十分満足できる」状況（Ａ）と判断することが考えられます。

■ポートフォリオの一部　生徒Ｋ

3　今日の学習を振り返って			
授業日	学習課題		できるようになるまで取り組んだこと
10月6日	家庭内の事故の原因と防ぎ方を考えよう		
10月12日	自然災害に備えた住空間の整え方を考えよう		友達の意見を参考に,「家具の転倒を防ぐ方法」や「逃げ道をふさがないようにする方法」を具体的に考えた。 態①

※「十分満足できる」状況（Ａ）と判断した生徒の具体的な例

インターネットで調べたり，自分の家を調べたりして自然災害に備えた住空間の整え方について考えた。また，「避難のときに怪我をしないようにするためにはどうしたらよいか」についても，家族にインタビューした。

（中村　奈緒美）

第2学年

8 暮らしを見つめるMyアクション

B　衣食住の生活　(7)ア

1　題材について

この題材は，「B衣食住の生活」の(3)「日常食の調理と地域の食文化」の学習を基礎とし，C(2)「消費者の権利と責任」との関連を図ったB(7)「衣食住の生活についての課題と実践」の食生活に関する題材です。家庭での調理に関して「持続可能な社会の構築」の視点から問題を見いだして課題を設定し，「調理におけるMyアクション探し」の計画を立てて実践した結果を，評価・改善するなど，考察したことを論理的に表現するなどの学習を通して，課題を解決する力や生活を工夫し創造しようとする実践的な態度を育成することをねらいとしています。

本事例では，「調理」とは食材の購入から片づけまでを含むこととし，家庭での調理における課題解決に向けた一連の学習過程における「主体的に学習に取り組む態度」の評価について具体的に示しています。

❶　題材の目標

(1)「調理におけるMyアクション探し」に向けて，家庭での調理の中から問題を見いだして課題を設定し，解決策を構想し，計画を立てて実践した結果を評価・改善し，考察したことを論理的に表現するなどして課題を解決する力を身に付ける。

(2)家族や地域の人々と協働し，よりよい生活の実現に向けて，持続可能な社会を構築するためにできることを意識した家庭での調理について課題の解決に主体的に取り組んだり，振り返って改善したりして生活を工夫し創造し，実践しようとする。

❷　題材の評価規準

知識・技能	思考・判断・表現	主体的に学習に取り組む態度
	「調理におけるMyアクション探し」に向けて，家庭での調理の中から問題を見いだして課題を設定し，解決策を構想し，計画を立てて実践した結果を評価・改善し，考察したことを論理的に表現するなどして課題を解決する力を身に付けている。	家族や地域の人々と協働し，よりよい生活の実現に向けて，持続可能な社会の構築を意識した家庭での調理について課題の解決に主体的に取り組んだり，振り返ったりして，生活を工夫し創造し，実践しようとしている。

2　指導と評価の計画（全5時間＋家庭での調理実践：家庭実践）

〔1〕調理場面での My アクション探しの計画を立てよう　2時間
〔2〕暮らしを見つめるわたしたちのアクションを考えよう　（本時3・4／4）2時間
〔3〕よりよい生活に向けた自分にできるアクションを考えよう　1時間

学習過程	〔次〕時間	○ねらい・学習活動	評価規準・評価方法		
			知識・技能	思考・判断・表現	主体的に学習に取り組む態度
生活の課題発見	〔1〕1	**○家庭での調理に関して「持続可能な社会の構築」の視点から，問題を見いだして課題を設定することができる。** ・家庭での調理に関して「持続可能な社会の構築」の視点で問題を見いだし，課題を設定する。 〈課題設定の視点〉 ・環境への配慮 ・人や社会への配慮 ・地域への配慮 〈課題例〉 ・調理で使用する水を節約するにはどうすればよいだろう ・食品の廃棄量を少なくするためにどうしたらよいだろう		①「調理における My アクション探し」に向けて，家庭での調理の中から問題を見いだして課題を設定している。 ・ワークシート ・行動観察	①「調理における My アクション探し」に関する課題の解決に主体的に取り組もうとしている。 ・ワークシート ・行動観察
解決方法の検討と計画	2	**○家庭での調理実践に向けて，「調理における My アクション探し」の計画を考え工夫することができる。** ・各自が「調理における My アクション探し」の計画を考え工夫する。 〈計画例〉 ・洗い物をするときに洗いおけを使うようにする ・食品の皮も料理に利用するよう工夫する ・グループで発表し合い，自分の計画や工夫を改善する。		②「調理における My アクション探し」に関する課題の解決に向けてよりよい生活について考え，工夫している。 ・ワークシート ・行動観察	②「調理における My アクション探し」に関する課題解決に向けた一連の活動を振り返って改善しようとしている。 ・ワークシート ・行動観察
課題解決に向けた実践活動	家庭での実践				

実践活動の評価・改善	〔2〕 3・4（本時）	**○「調理におけるMyアクション探し」の実践結果についてまとめ，発表したり，実践した結果を評価・改善したりすることができる。** ・グループごとに各自が取り組んだ実践を発表し，意見や感想を伝え合う。 ・意見やアドバイスを踏まえ，お互いの実践を評価し，改善案をグループごとに検討する。 ・持続可能な調理についての新たな課題を見付け，今後の調理実践につなげるために考えたことをグループごとに「暮らしを見つめるわたしたちのアクション」としてまとめ，他学年の生徒や学校外の方とも共有できるようにする。 ・それぞれのグループが作成した「暮らしを見つめるわたしたちのアクション」を共有し，持続可能な社会の実現を意識した実践に向けて考えたことをまとめる。		④「調理におけるMyアクション探し」に関する課題解決に向けた一連の活動について，考察したことを論理的に表現している。 **・実践レポート** **・ワークシート** **・行動観察** **・相互評価** ③「調理におけるMyアクション探し」に関する課題の解決に向けて，家庭や地域で実践した結果を評価したり，改善したりしている。 **・ワークシート** **・行動観察**	③さらによりよい生活にするために，「調理におけるMyアクション探し」に関する新たな課題を見付け，家庭での次の実践に取り組もうとしている。 **・ワークシート**
	〔3〕 5	**○他学年の生徒や学校外の方と共有した「暮らしを見つめるわたしたちのアクション」の反応を振り返り，新たな課題を見付け，今後の実践に取り組もうとする。** ・他学年の生徒や学校外の方からのコメントを踏まえ，実践を評価する。 ・よりよい生活にするために，自分にできる持続可能な社会の実現を意識したアクションについて考える。			

3 「主体的に学習に取り組む態度」の評価の実際

この題材では，持続可能な社会の実現を意識した家庭での調理実践に関する課題解決に向けて，主体的に粘り強く取り組もうとしているか，実践した結果を評価・改善する場面でうまくいかなかったことを振り返って改善しようとするなど，自らの学習を調整しようとしているかについて評価します。さらに，よりよい生活の実現に向けて，持続可能な社会の実現を意識した調理実践に関する新たな課題を見付け，家庭や地域での次の実践に取り組もうとしているかなどについて評価します。

1～2時間目の評価規準①②については，ワークシートの記述内容や行動観察から評価します。評価規準①と②の学びの姿は，相互に関わり合いながら立ち現れることから同じ場面で評価することが考えられます。例えば，２時間目の「調理における My アクション探し」の計画を考え工夫する場面では，実践したいアクションを考えることができたが，普段あまり料理をしないために具体的な解決方法を考えることが難しかったと自己評価し，解決方法を検索サイトで調べたり，家族に話を聞いたり，友達のアドバイスをもらったりして，粘り強く取り組んだ様子を記述していることから「おおむね満足できる」状況（B）と判断しています。その際，「努力を要する」状況（C）と判断される生徒に対しては，教師が学校で取り組んだ調理実践を思い出させた上で，家庭での実践を思い出すよう促したり，意見交流をしたときの他の生徒の意見を参考にしたりするよう促すことが考えられます。また，教科書や参考資料などを調べて解決方法を考え，意見交流における他の生徒の考えを参考にして見直し，さらには実践可能な課題解決の方法の具体例を理由とともに示すことができている場合を，「十分満足できる」状況（A）と判断することが考えられます。

3～5時間目の評価規準③については，ワークシートの記述内容から評価します。例えば，３・４時間目の暮らしを見つめるわたしたちのアクションを考える取組の場面において「調理場面での My アクション探し」の実践を交流し，さらによりよい生活にするために，持続可能な家庭での調理に関する新たな課題を見付け，家庭や地域での次の実践に主体的に取り組もうとしている姿の評価に関する詳細については，本時の展開例に示しています。

■ワークシートの一部

※「おおむね満足できる」状況（B）と判断した生徒の具体的な例

学校や家庭での調理における問題点

・洗い物をするときについ水を出しっぱなしにしてしまう。（家庭・学校）
・自分で買い物に行くことがあまりないから商品の選び方がよく分からない。（家庭）

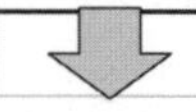

家庭で実践したいアクション

	実践したいアクション	意見交流の内容	具体的な解決方法
環境への配慮	・洗い物をするときは節水を心がける。 ・野菜を無駄なく使う。	・節水のために洗い桶を使ってみる。 ・野菜の皮を薄くむくようにするとよいのではないか。	・水を出しっぱなしにしないように洗い桶を使って、洗い桶にためた水を洗い物に使用する。 ・野菜の皮を薄くむくようにする。
人や社会への配慮	・認証ラベルやマークがついている商品を探して使ってみる。	・ハヤシライスのルーにFSC認証ラベルがついている。 ・いろいろな認証ラベルやマークがあるけど、簡単に手に入れることができるのだろうか。	・認証ラベルやマークの種類や意味を知らないので、買い物に行く前に人や社会への配慮につながる認証ラベルやマークについて調べておく。
地域への配慮	・近所の店で野菜を買う。	・学校の近くのスーパーに地産地消コーナーがある。 ・小学校の近くの畑に無人の直売所がある。	・家の近所に野菜を売っている店がどこにどのくらいあるかや、商品の特徴をあらかじめ把握しておく。

家庭で実践するために考えたことや調べたこと

・節水の方法を検索サイトで調べた。
・家庭科の授業でエシカル消費について学習したことを思い出し、エシカル消費の目安になるマークを調べた。
・家族で普段利用しているスーパーとその理由を聞いた。

これまでの取り組みでできたこと・できなかったことやそのためにどうしたのかを記入しよう 態①②

なんとか計画を立てることができたので、自分で調べたり、聞いたり、友達からアドバイスをもらったりすることで、家で実践したいアクションやその解決方法について最初よりもくわしく考えることができた。なんとか計画を立てることができたので、普段家ではあまり料理をしないけれど、やってみようという気持ちになれた。

4 本時の展開例（3・4／4時間）

❶ 小題材名

暮らしを見つめるわたしたちのアクションを考えよう

❷ 本時のねらい

「調理における My アクション探し」の実践結果についてまとめ，発表したり，実践した結果を評価・改善したりすることができる。

❸ 学習活動と評価

時間	学習活動（下線は ICT 活用場面）	指導上の留意点	評価場面・評価方法
（分） 10	1．本時の学習課題を確認し，学習の見通しをもつ。	・本時の学習課題と学習の進め方を確認する。	
	持続可能な社会の実現に向けた調理につなげるための「調理場面での My アクション探し」の実践を交流し，これからの生活に生かすわたしたちのアクションを考えよう		
20	2．グループごとに各自が取り組んだ「調理における My アクション探し」の実践結果を実践レポートやワークシートを用いて発表し，交流する。 ・発表内容について，よいところ，意見や感想など，意見交流をする。	・自分と他の生徒の実践を比較し，互いの実践のよいところやアドバイスを考えられるよう助言する。	［思④］ 実践について発表する場面 ・実践レポート ・ワークシート ・行動観察
20	3．他の生徒からの意見やアドバイスを踏まえ，お互いの実践を評価し，改善案を検討する。	・実践の交流により，様々な視点で改善案を考えられるよう助言する。	［思③］ 実践した結果を評価し，改善する場面 ・ワークシート ・行動観察
35	4．「調理における My アクション探し」から必要不可欠な課題を見付け，今後の調理実践に向けて考えたことをグループごとに「暮らしを見つめるわたしたちのアクション」としてスライドにまとめる。 ・「暮らしを見つめるわたしたちのアクション」を他学年の生徒や学校外の方からも意見をもらえるよう準備する。	・持続可能な社会の実現を意識した調理についての課題を明確にするよう助言する。	

15	5．それぞれのグループが作成した「暮らしを見つめるわたしたちのアクション」を共有し，持続可能な社会の実現を意識した実践に向けて考えたことをまとめる。	・日常的に持続可能な社会の実現を意識した調理に主体的に取り組もうとする意欲を高める。	[態③] これからの生活を展望する場面 ・ワークシート

❹ 学習評価の工夫

本時の**「思考・判断・表現」の評価規準④**については，グループごとに各自が取り組んだ実践を発表し，交流する場面において，実践レポートやワークシートの記述内容，行動観察から評価します。

生徒Kは，実践レポートやワークシートの「My アクション　計画を実践したこと・新たに見つけて実践したこと」に家庭での実践の様子をまとめ，考察したことを筋道を立てて説明したり，発表したりしていることから，「おおむね満足できる」状況（B）と判断しました。その際，「努力を要する」状況（C）と判断される生徒に対しては，他の生徒の発表を参考にするよう促したり，実践したことを再度確認してまとめたりするなどして，具体的な実践発表ができるようにします。

「思考・判断・表現」の評価規準③については，実践の交流から得られた他の生徒の意見をもとに「My アクションの改善案」を検討する場面において，ワークシートの「改善案を考えた理由」にまとめられた内容や行動観察から評価します。

生徒Kは，自分の節水に関する実践を振り返り，他の生徒からのアドバイスをもとに，食器を洗う前の工夫について気付き，My アクションを改善し，その理由を記述していることから「おおむね満足できる」状況（B）と判断しました。その際，「努力を要する」状況（C）と判断される生徒に対しては，実践の交流場面でどのようなやり取りがあったのかを振り返らせ，具体的な改善案につながるやり取りを見付けることができるよう配慮します。

「主体的に学習に取り組む態度」の評価規準③については，それぞれのグループが作成した「暮らしを見つめるわたしたちのアクション」のスライドを共有し，持続可能な社会の実現を意識した実践に向けて考えたことをまとめこれからの生活を展望する場面において，ワークシートの記述内容から評価します。

生徒Kは，自分と他の生徒の取組を比較して，自分が取り組みやすいアクションや今後取り組んでいきたいアクションについて考えることができていたことから「おおむね満足できる」状況（B）と判断しました。その際，「努力を要する」状況（C）と判断される生徒に対しては，グループで作成した「暮らしを見つめるわたしたちのアクション」のスライドに込めた想いを振り返らせ，自分が取り組めそうな実践を自ら見付けられるよう配慮します。また，今後日常的に取り組みたいアクションについてその理由とあわせて記述している場合を「十分満足できる」状況（A）と判断することが考えられます。

■ワークシートの一部と実践レポート　生徒K

※「おおむね満足できる」状況（B）と判断した生徒の具体的な例

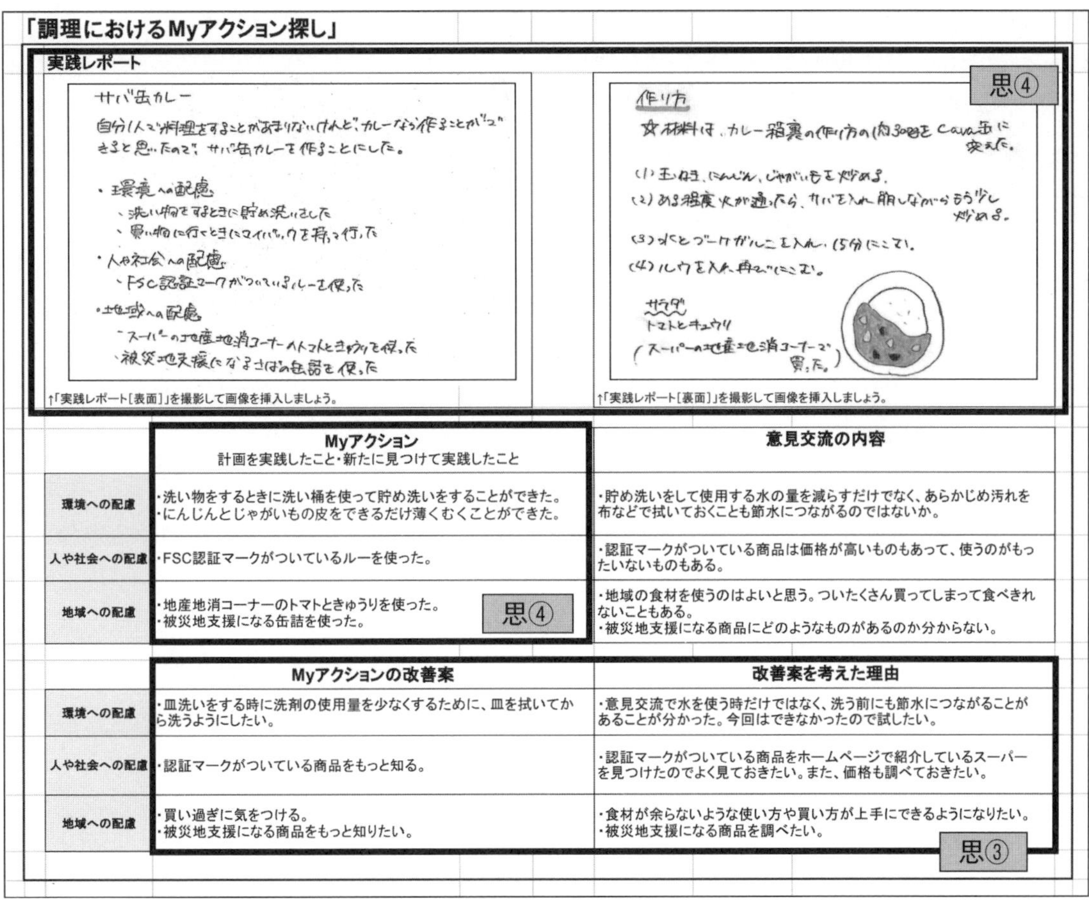

「調理におけるMyアクション探し」

実践レポート

サバ缶カレー

自分1人で料理をすることがあまりないけれど、カレーなら作ることができると思ったので、サバ缶カレーを作ることにした。

・環境への配慮
、洗い物をするときに貯め洗いをした
、買い物に行くときにマイバックを持って行った
・人や社会への配慮
、FSC認証マークがついているルーを使った
・地域への配慮
、スーパーの地産地消コーナーのトマトときゅうりを使った
、被災地支援になるさばの缶詰を使った

↑「実践レポート[表面]」を撮影して画像を挿入しましょう。

思④

作り方

☆材料は、カレー箱裏の作り方の肉300gをCava缶に変えた。

(1) 玉ねぎ、にんじん、じゃがいもを炒める。
(2) ある程度火が通ったら、サバを入れ崩しながらもう少し炒める。
(3) 水とブーケガルニを入れ、15分にこむ。
(4) ルウを入れ再びにこむ。

サラダ
トマトとキュウリ
（スーパーの地産地消コーナーで買った。）

↑「実践レポート[裏面]」を撮影して画像を挿入しましょう。

	Myアクション 計画を実践したこと・新たに見つけて実践したこと	**意見交流の内容**
環境への配慮	・洗い物をするときに洗い桶を使って貯め洗いをすることができた。 ・にんじんとじゃがいもの皮をできるだけ薄くむくことができた。	・貯め洗いをして使用する水の量を減らすだけでなく、あらかじめ汚れを布などで拭いておくことも節水につながるのではないか。
人や社会への配慮	・FSC認証マークがついているルーを使った。	・認証マークがついている商品は価格が高いものもあって、使うのがもったいないものもある。
地域への配慮	・地産地消コーナーのトマトときゅうりを使った。 ・被災地支援になる缶詰を使った。　思④	・地域の食材を使うのはよいと思う。ついたくさん買ってしまって食べきれないこともある。 ・被災地支援になる商品にどのようなものがあるのか分からない。

	Myアクションの改善案	**改善案を考えた理由**
環境への配慮	・皿洗いをする時に洗剤の使用量を少なくするために、皿を拭いてから洗うようにしたい。	・意見交流で水を使う時だけではなく、洗う前にも節水につながることがあることが分かった。今回はできなかったので試したい。
人や社会への配慮	・認証マークがついている商品をもっと知る。	・認証マークがついている商品をホームページで紹介しているスーパーを見つけたのでよく見ておきたい。また、価格も調べておきたい。
地域への配慮	・買い過ぎに気をつける。 ・被災地支援になる商品をもっと知りたい。	・食材が余らないような使い方や買い方が上手にできるようになりたい。 ・被災地支援になる商品を調べたい。

思③

・実践レポート（カード形式）を１人１台端末で撮影して画像をワークシートに挿入している。

■ワークシートの一部　生徒K

態③

持続可能な社会の実現を意識した実践に向けて考えたこと
・環境に配慮した取り組みは，他の人が実践していたアクションのなかに自分でも取り組めそうなちょっとした心がけでできるアクションが多くあったので自分もやってみようと思う。
・人や社会に配慮したアクションは特別な時しか取り組めそうにないものが多かったけれど，認証ラベルやマークを探すことは思っていたよりも手軽にできそうなので気にかけてみようと思う。

※「十分満足できる」状況（A）と判断した生徒の具体的な例

持続可能な社会の実現を意識した実践に向けて考えたこと
・食べた後の食器は汚れをウエス等で拭き取って油汚れを水に流さないようにしたり，使用する洗剤の量を減らしたりすることで環境に配慮した取り組みを普段から心がけていきたい。自分ができない時も家族の誰かができるように家族と一緒に取り組めるようにしたい。

（有友　愛子）

第1学年

9 めざせ　自立した消費者
～計画的な金銭管理と購入～

C　消費生活・環境　(1)ア(ア)(イ)イ

1　題材について

この題材は，「C消費生活・環境」の(1)「金銭の管理と購入」のア(ア)(イ)及びイとの関連を図った題材です。題材のはじめに，自分の生活を想起し，物資・サービスの購入や消費行動について問題を見いだして課題を設定し，金銭管理と購入に関わる知識及び技能を身に付けるとともに，課題を解決する力や自立した消費者としての責任ある行動を工夫し創造しようとする実践的な態度を育成することをねらいとしています。

本事例では，模擬家族（Sさん一家）の消費生活での課題解決に向けた一連の学習過程における「主体的に学習に取り組む態度」の評価について具体的に示しています。

❶　題材の目標

(1)　購入方法や支払い方法の特徴，計画的な金銭管理の必要性，売買契約の仕組み，消費者被害の背景とその対応について理解するとともに，物資・サービスの選択に必要な情報の収集・整理が適切にできる。

(2)　物資・サービスの購入について問題を見いだして課題を設定し，解決策を構想し，実践を評価・改善し，考察したことを論理的に表現するなどして課題を解決する力を身に付ける。

(3)　よりよい生活の実現に向けて，金銭の管理と購入について，課題の解決に主体的に取り組んだり，振り返って改善したりして，生活を工夫し創造し，実践しようとする。

❷　題材の評価規準

知識・技能	思考・判断・表現	主体的に学習に取り組む態度
・購入方法や支払い方法の特徴が分かり，計画的な金銭管理の必要性について理解している。 ・売買契約の仕組み，消費者被害の背景とその対応について理解しているとともに，物資・サービスの選択に必要な情報の収集・整理が適切にできる。	物資・サービスの購入について問題を見いだして課題を設定し，解決策を構想し，実践を評価・改善し，考察したことを論理的に表現するなどして課題を解決する力を身に付けている。	よりよい生活の実現に向けて，金銭の管理と購入について，課題の解決に主体的に取り組んだり，振り返って改善したりして，生活を工夫し創造し，実践しようとしている。

2 指導と評価の計画（全6時間）

〔1〕自分や家族の消費生活　1時間
〔2〕購入方法・支払い方法と計画的な金銭管理　3時間
〔3〕物資・サービスの選択・購入　（本時6／6）2時間

学習過程	〔次〕時間	○ねらい・学習活動	評価規準・評価方法		
			知識・技能	思考・判断・表現	主体的に学習に取り組む態度
生活の課題発見	〔1〕1	**○自分や家族の物資・サービスの選択・購入について問題を見いだし，課題を設定することができる。** ・模擬家族（Sさん一家）の消費生活から，自分や家族の消費生活を想起する。 ・自分や家族の物資・サービスの購入時に関わる問題点等を発表し合い，課題を設定する。 ・学習の見通しをもつ。		①物資・サービスの選択・購入について問題を見いだして課題を設定している。 **・ワークシート**	
解決方法の検討と計画	〔2〕2	**○多様化した購入方法や支払い方法の特徴について理解することができる。** ・Tシャツの購入場面における，購入方法の特徴についてまとめ，それぞれの利点と問題点を話し合う。 ・Tシャツの購入場面について，支払い時期の違いによる特徴や三者間契約と二者間契約の利点と問題点を考え発表する。	①購入方法や支払い方法の特徴について理解している。 **・ワークシート** ［指導に生かす評価］		①金銭の管理と購入について，課題の解決に主体的に取り組もうとしている。 **・ポートフォリオ** **・行動観察**
	3	**○売買契約の仕組み，消費者被害の背景とその対応について理解することができる。** ・SさんがTシャツ購入で，消費者被害にあった場面について適切な対応の仕方を調べ，発表し合う。 ・消費者被害が発生する背景や，売買契約についてまとめる。	②売買契約の仕組み，消費者被害の背景とその対応について理解している。 **・ワークシート**		
	4	**○多様な支払い方法に応じた計画的な金銭管理の必要性について理解することができる。** ・Sさん一家の冷蔵庫の購入場面について，Sさんや家族が購入する物の優先順位や支払い方法を検討し，話し合う。 ・進学を控えているSさんとYさんにかかる必要な支出を踏まえ，翌月以降の金銭管理において，Sさん一家へのアドバイスを考え，発表し合う。	③計画的な金銭管理の必要性について理解している。 ①（支払い方法） **・ワークシート** ［記録に残す評価］		

課題解決に向けた実践活動	〔3〕5	○**物資・サービスの選択に必要な情報を適切に収集・整理し，情報を活用して購入について考え，工夫することができる。** ・Sさん一家が購入する冷蔵庫の購入条件を確認し，必要な情報の収集・整理を行い，ワークシートに記入する。 ・収集・整理した情報から，Sさん一家が購入する冷蔵庫を選択する。 ・選択した冷蔵庫についてグループで発表し合う。	④物資・サービスの選択に必要な情報の収集・整理について理解しているとともに，収集・整理が適切にできる。 **・ワークシート** ①（購入方法） **・ワークシート** 記録に残す評価	②物資・サービスの選択・購入について考え，工夫している。 **・ワークシート**	②金銭の管理と購入について，課題解決に向けた一連の活動を振り返って改善しようとしている。 **・ポートフォリオ** **・行動観察**
実践活動の評価・改善	6（本時）	○**物資・サービスの選択・購入について評価・改善し，発表することができる。** ・各自選択した冷蔵庫について，グループで評価し合ったことをもとに，Sさん一家にふさわしい冷蔵庫を再度選択し，全体共有する。 ・共有した内容をもとに，物資・サービスの選択・購入について気を付けることを考え，発表する。 ・本題材を振り返り，「自立した消費者」になるために，金銭の管理と購入に関わるこれからの消費行動について，自分の考えをまとめ，発表し合う。		③物資・サービスの選択・購入について，実践を評価したり，改善したりしている。 **・ワークシート** ④物資・サービスの選択・購入についての課題解決に向けた一連の活動について，考察したことを論理的に表現している。 **・発表スライド** **・行動観察**	③よりよい消費生活の実現に向けて，金銭の管理と購入について工夫し創造し，実践しようとしている。 **・ポートフォリオ**

3 「主体的に学習に取り組む態度」の評価の実際

この題材では購入方法や支払い方法の特徴，計画的な金銭管理の必要性，売買契約の仕組み，消費者被害の背景とその対応，物資・サービスの選択に必要な情報の収集・整理に関する知識及び技能を身に付けたり，物資・サービスの購入について課題を設定し，商品購入の計画を考え，工夫したり，実践を評価・改善したりする際に，粘り強く取り組んでいるか，それらに関する学習の進め方について振り返るなど，自らの学習を調整しようとしているかについて評価します。さらに，よりよい生活の実現に向けて，「持続可能な社会の構築」の視点から，消費生活について工夫し創造し，家庭でも実践しようとしているかなどについて評価します。

1～5時間目の評価規準①については，ポートフォリオの記述内容や行動観察から評価します。例えば，２時間目の支払い方法の特徴についてまとめる場面では，前払いと後払いの長所と短所を洗い出して比較するなど，支払い方法の特徴について理解しようと取り組んだことを記述している場合を，「おおむね満足できる」状況（B）と判断しています。その際，「努力を要する」状況（C）と判断される生徒に対しては，実生活における支払い（前払いや後払い）の場面を想起したり，友達の考えを参考にしたりするように促すことが考えられます。また，自分や家族の具体的な支払いの場面を想定し，必要な情報を調べようとするなど課題解決に向けて粘り強く取り組んだことを具体的に記述している場合を，「十分満足できる」状況（A）と判断することが考えられます。

1～5時間目の評価規準②については，ポートフォリオの記述内容や行動観察から評価します。例えば，５時間目の収集・整理した情報から購入する冷蔵庫を考え，選択する場面では，学習を振り返り，Ｓさん一家の条件（価格，容量，機能，アフターサービス，支払い方法）に合った冷蔵庫を選択できたかどうかを自己評価し，よりよい選択ができるよう取り組もうとしたことを記述している場合を「おおむね満足できる」状況（B）と判断しています。その際，「努力を要する」状況（C）と判断される生徒に対しては，条件に合った物かどうかを再確認したり，友達の考えを参考にしたりするように促すことが考えられます。また，学習を振り返り，Ｓさん一家の条件に合った冷蔵庫を選択できたかどうかを自己評価し，異なる視点からも調べて，よりよい選択ができるよう取り組もうとしている場合を「十分満足できる」状況（A）と判断することが考えられます。

なお，それぞれの小題材における評価規準①と②の学びの姿は，相互に関わり合いながら立ち現れることに留意する必要があります。

6時間目の評価規準③については，ポートフォリオの記述内容から評価します。金銭の管理と購入について自分の考えをまとめる場面の評価の詳細については，本時の展開例に示しています。

■ポートフォリオの全体

※「おおむね満足できる」状況（B）と判断した生徒の具体的な例

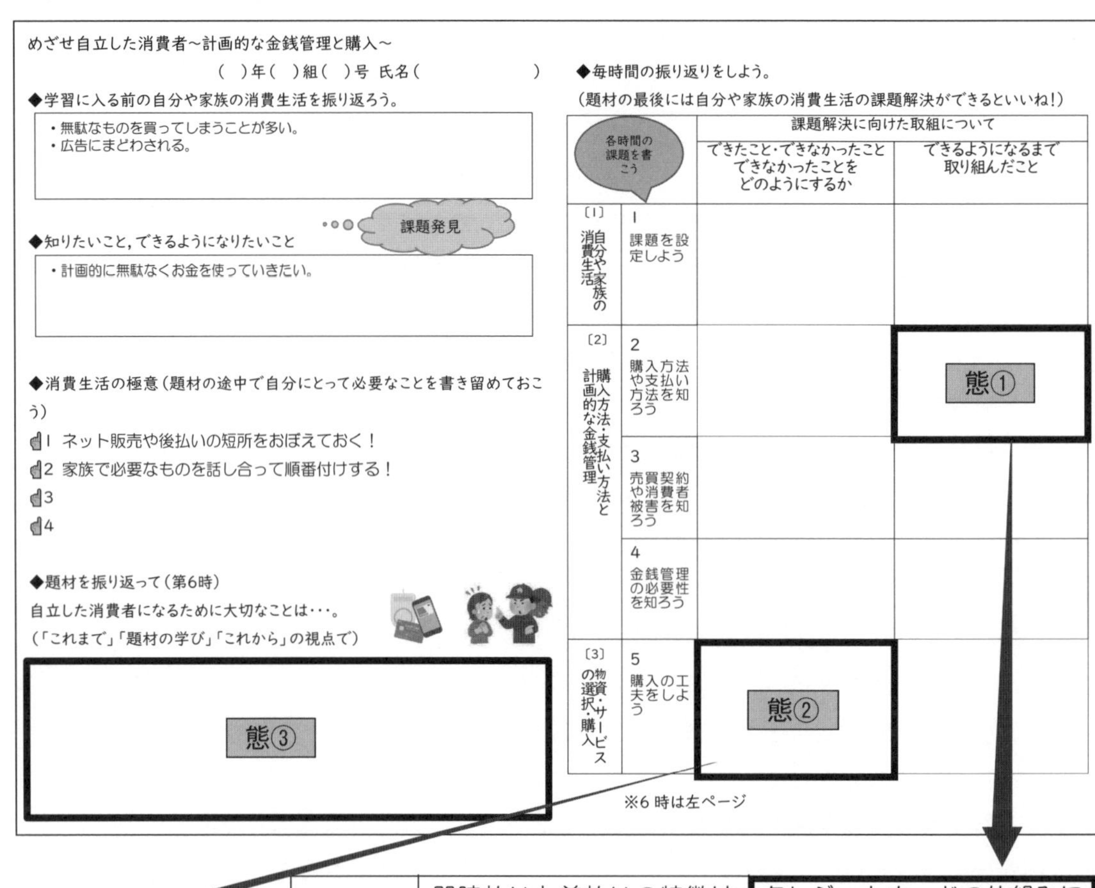

めざせ自立した消費者～計画的な金銭管理と購入～

（　）年（　）組（　）号 氏名（　　　　　　　）

◆学習に入る前の自分や家族の消費生活を振り返ろう。

・無駄なものを買ってしまうことが多い。
・広告にまどわされる。

◆知りたいこと，できるようになりたいこと

・計画的に無駄なくお金を使っていきたい。

◆消費生活の極意（題材の途中で自分にとって必要なことを書き留めておこう）

1 ネット販売や後払いの短所をおぼえておく！
2 家族で必要なものを話し合って順番付けする！
3
4

◆題材を振り返って（第6時）

自立した消費者になるために大切なことは･･･。
（「これまで」「題材の学び」「これから」の視点で）

態③

◆毎時間の振り返りをしよう。

（題材の最後には自分や家族の消費生活の課題解決ができるといいね！）

各時間の課題を書こう		課題解決に向けた取組について	
		できたこと・できなかったこと できなかったことをどのようにするか	できるようになるまで取り組んだこと
〔1〕自分や家族の消費生活	1 課題を設定しよう		
〔2〕購入方法・支払い方法と計画的な金銭管理	2 購入方法や支払い方法を知ろう		態①
	3 売買契約や消費者被害を知ろう		
	4 金銭管理の必要性を知ろう		
〔3〕物資・サービスの選択・購入	5 購入の工夫をしよう	態②	

※6 時は左ページ

2 購入方法や支払い方法を知ろう	即時払いと前払いの特徴はまとめることができたが，後払いについては，クレジットカードの仕組みなどがよく分からず，まとめることができなかったので，家族に聞いたり，調べたりしたい。	クレジットカードの仕組みについて調べたり，友達の意見を参考にその長所や短所を考えたりして，前払いや即時払いと後払いを比較しながら，支払い方法の特徴をまとめることができた。

5 購入の工夫をしよう	収集した情報をもとに，価格，機能，容量，保証について考えることはできたが，支払いについては，手数料まで考えることができなかったので，情報をよく見て選択していきたい。	冷蔵庫の情報を価格，機能など項目に沿って分かりやすく整理し，Sさん一家の条件を一つ一つ確認したので，条件に合った冷蔵庫を選択できた。

4 本時の展開例（6／6時間）

❶ 小題材名

物資・サービスの選択・購入

❷ 本時のねらい

物資・サービスの選択・購入について評価・改善し，発表することができる。

❸ 学習活動と評価

時間	学習活動（下線は ICT 活用場面）	指導上の留意点	評価場面・評価方法
（分） 5	1．前時の学習を振り返り，本時の学習課題を確認する。	・前時までの学習内容はクラウド上に保存しておき，必要に応じて活用するよう助言する。	
	物資・サービスの選択・購入についてまとめ，発表しよう		
15	2．各自選択した冷蔵庫について，グループで評価し合ったことをもとに，Sさん一家にふさわしい冷蔵庫を再度選択し，全体共有する。	・アドバイスを参考にして，再考するよう助言する。 ・なぜそのような選択にしたのか，理由を明確にして発表するよう助言する。また，変更した生徒はなぜそうしたのかを明確に発表するようにする。	［思③］ 冷蔵庫の選択を再考する場面 ・ワークシート
20	3．共有した内容をもとに，物資・サービスの選択・購入について気を付けることを考え，発表する 。	・自分や家族が物資・サービスを選択する一連の活動について考えることができるようにする。	［思④］ 物資・サービスの選択・購入について考察したことを発表する場面 ・発表スライド ・行動観察
10	4．本題材を振り返り，「自立した消費者」になるために，金銭の管理と購入に関わるこれからの消費行動について，自分の考えをまとめ，発表し合う。	・クラウド上に保存したポートフォリオを活用しながら，題材を通した学びを振り返るようにする。 ・「これまで」「題材の学び」「これから」の視点でこれからの消費行動について考えるようにする。 ・これからの消費生活を主体的に取り組もうとする意欲を高める。	［態③］ 題材を振り返る場面 ・ポートフォリオ

❹ 学習評価の工夫

本時の**「思考・判断・表現」の評価規準③**については，購入する冷蔵庫を再考する場面において，ワークシートの記述内容から評価します。生徒Kは，自分の選択を振り返り，他の生徒のアドバイスをもとに，アフターサービスの視点から冷蔵庫について再検討した上で，選択を変更し，その理由を記述していることから，「おおむね満足できる」状況（B）と判断しました。その際，「努力を要する」状況（C）と判断される生徒に対しては，条件（価格，容量，機能，支払い）を再度確認させたり，他の生徒の考えを参考にしたりして考えることができるよう，個に応じた指導を工夫します。また，「持続可能な社会の構築」の視点からも具体的に記述している場合を，「十分満足できる」状況（A）と判断することが考えられます。

「思考・判断・表現」の評価規準④については，物資・サービスの選択・購入について考察したことを発表する場面において，発表スライドや行動観察から評価します。生徒Kは，一連の物資・サービスの選択の過程を通して考察したことを，理由を明確にして筋道を立てて説明していることから，「おおむね満足できる」状況（B）と判断しました。その際，「努力を要する」状況（C）と判断される生徒に対しては，他の生徒の発表を参考にするように促したり，一連の実践を再度確認したりして，具体的な実践発表ができるようにします。

■ワークシートの一部　生徒K

物資・サービスの選択と購入

氏名（　　　　　　）

１ 本時の課題　○冷蔵庫の選択・購入について再検討し，その理由をみんなに伝えよう。

２ 友達のアドバイスから，Sさん一家にふさわしい冷蔵庫を再度選び，その理由を書こう。

前時に選んだ冷蔵庫	最終選択した冷蔵庫	選んだ理由 （選んだ冷蔵庫が変わった人は，なぜ変わったのか具体的に書こう。）
C	A	Cは１年保証がついているので故障しても大丈夫と思っていたが，「冷蔵庫は生ものなどを保存するから，修理対応は早い方がいいと思うよ。」というアドバイスから，価格は少し高くなるが，Aのほうがトラブル時など店舗に連絡すると即対応してくれるので安心感がありよいと思った。容量や機能はあまり差がなかったので，最終的にAを選んだ。　思③

※「十分満足できる」状況（A）と判断した生徒の具体的な例

……また，年間の使用電力が少なく，環境にも優しい点も選んだ理由だ。さらに，冷凍室が広いので食品の保存が便利なことから，最終的にAを選んだ。

【Sさん一家が購入する冷蔵庫の条件】
・予算：150,000円以内
・容量：できるだけ多い方がいい
・機能：製氷機能がついている
・アフターサービス：有（保証つき）
・支払い方法：クレジットカード分割払い（3回）

4 Sさん一家の冷蔵庫購入のために必要な情報を収集・整理しよう。

情報＼商品	A	B	C	D
購入方法	店舗販売（家電量販店）	店舗販売（近所の電化製品店）	無店舗販売 通信販売（ネット販売）	無店舗販売 通信販売（カタログ販売）
価格	139,000円	142,000円	132,000円	121,000円
容量・品質・機能	・5ドア（両側開閉可能） ・470L ・野菜室真ん中，冷凍室広い ・即鮮チルド，お急ぎ冷凍機能 ・20個製氷 ・290 kwh/年	・5ドア ・457L ・一番下野菜室 ・お急ぎ冷凍つき ・20個製氷 ・262kwh/年	・5ドア ・461L ・野菜室が真ん中 ・メガフリーザー冷凍室 ・製氷機ボタン1つで洗浄，20個 ・300kwh/年	・観音開き2ドア ・475L ・全体収納が見やすい ・半分が冷凍機能 ・40個製氷 ・293 kwh/年
アフターサービス	メーカー1年保証 価格＋3,000円で3年の保証延長 故障には即対応可能	メーカー1年保証 故障には即対応可能	メーカー1年保証	メーカー1年保証
分割払い（手数料など）	可　手数料要	可　手数料要	可　手数料会社負担	可　手数料要

冷蔵庫の情報を収集・整理した5時間目のワークシートの一部

「主体的に学習に取り組む態度」の評価規準③については，題材を振り返る場面において，ポートフォリオの記述内容から評価します。生徒Kは，これまでの消費生活を振り返り，学んだことを生かし，よりよい消費生活に向けて実践に取り組もうとしていることから，「おおむね満足できる」状況（B）と判断しました。その際，「努力を要する」状況（C）と判断される生徒に対しては，他の生徒の発表を参考にするように促したり，これまでの学習や実践活動などを振り返って考えることができるようにします。また，自分や家族の消費行動を振り返り，新たな課題を見付け，次の実践にどのように取り組もうとしているかを具体的に記述している場合を，「十分満足できる」状況（A）と判断することが考えられます。

■ポートフォリオの一部　生徒K

◆自立した消費者になるために大切なことは。（「これまで」「題材の学び」「これから」の視点で書こう。）

これまでは，無駄な物を買ったり，すぐネットの口コミを信用して，先のことを考えず不要なものまで購入していた。これからは，消費生活の学習で学んだ支払い方法や購入方法の長所や短所，家族の状況に応じた金銭管理の方法，情報を整理することなどを生かして，家族と話し合いながら計画的に消費生活を送っていきたい。また，持続可能という点では，見直さないといけない点もあると思うので，毎日の生活の中で意識して探していきたい。 態③

※「十分満足できる」状況（A）と判断した生徒の具体的な例

……また，持続可能な社会にしていくために，電化製品などは使用電力などエネルギーについて考えたり，アフターサービスを確認して，故障しても修理して長く使うようにするなど，環境へ配慮した生活を意識していきたい。

（粟田　佳代）

第２学年

10 考えよう　よりよい消費生活 ～私たちにできること～

C　消費生活・環境　(1)ア(イ), (2)アイ

1　題材について

この題材は,「C消費生活・環境」の(1)「金銭の管理と購入」のア(イ)と(2)「消費者の権利と責任」のア及びイとの関連を図っています。自分や家族の消費生活が環境や社会に及ぼす影響について考え，消費行動について問題を見いだして課題を設定し，売買契約の仕組みや消費者被害，消費者の権利と責任に関わる知識及び技能を身に付けるとともに，課題を解決する力や，自立した消費者としての消費行動を工夫し創造しようとする実践的な態度を育成することをねらいとしています。本事例では，消費者としての責任ある消費行動を考え,「エコ実践プロジェクト」の解決に向けた一連の学習過程における「主体的に学習に取り組む態度」の評価について具体的に示しています。

❶　題材の目標

(1)　売買契約の仕組み，消費者被害の背景とその対応，消費者の基本的な権利と責任，自分や家族の消費生活が環境や社会に及ぼす影響について理解する。

(2)　自立した消費者としての消費行動について問題を見いだして課題を設定し，解決策を構想し，実践を評価・改善し，考察したことを論理的に表現するなどして課題を解決する力を身に付ける。

(3)　よりよい生活の実現に向けて，消費者被害，消費者の権利と責任について，課題の解決に主体的に取り組んだり，振り返って改善したりして，生活を工夫し創造し，実践しようとする。

❷　題材の評価規準

知識・技能	思考・判断・表現	主体的に学習に取り組む態度
・売買契約の仕組み，消費者被害の背景とその対応について理解している。 ・消費者の基本的な権利と責任，自分や家族の消費生活が環境や社会に及ぼす影響について理解している。	自立した消費者としての消費行動について問題を見いだして課題を設定し，解決策を構想し，実践を評価・改善し，考察したことを論理的に表現するなどして課題を解決する力を身に付けている。	よりよい生活の実現に向けて，消費者被害，消費者の権利と責任について，課題の解決に主体的に取り組んだり，振り返って改善したりして，生活を工夫し創造し，実践しようとしている。

2　指導と評価の計画（全７時間）

〔１〕課題を見つけよう　自分や家族の消費行動　２時間
〔２〕考えよう　消費者の権利と責任　２時間
〔３〕実践しよう　私たちのよりよい消費生活　（本時５／７）３時間

学習過程	〔次〕時間	○ねらい・学習活動	評価規準・評価方法		
			知識・技能	思考･判断･表現	主体的に学習に取り組む態度
生活の課題発見	〔1〕 1・2	**○自分や家族の消費生活が環境や社会に及ぼす影響について理解し，問題を見いだし，課題を設定することができる。** ・事前アンケートの集計結果をグラフ等で確認し，気付いたことを発表する。 ・自分や家族の消費生活を振り返り，環境や社会に及ぼす影響について考え，話し合う。 ・自分や家族の消費生活について問題を見いだして「エコ実践プロジェクト」の課題を設定し，学習の見通しをもつ。 〈課題の例〉 ・私の買物実践プラン ・エシカル消費にチャレンジ　など	①自分や家族の消費生活が環境や社会に及ぼす影響について理解している。 **・ワークシート** **・行動観察**	①自分や家族の消費生活について問題を見いだして「エコ実践プロジェクト」の課題を設定している。 **・実践計画**	
解決方法の検討と計画	〔2〕 3・4	**○売買契約の仕組み，消費者被害の背景とその対応について理解することができる。** ・具体的な商品の購入を想定しながら，販売者と消費者の立場から考え，問題点を話し合う。 ・インターネットを介した通信販売の相談事例を取り上げ，被害にあわないための方法を考え，話し合う。 ・オンライン通信等で消費生活アドバイザーから話を聞き，被害にあった場合の対応についてまとめる。 **○消費者の基本的な権利と責任について理解することができる。** ・自転車の購入場面を例に，消費者の基本的な権利と責任について，ロールプレイを行い，確認する。 ・事例から消費者の問題点を挙げ，消費者の権利と責任に結び付けて，責任が果たせる行動を考え，話し合う。	②売買契約の仕組み，消費者被害の背景とその対応について理解している。 **・ワークシート** **・行動観察** ③消費者の基本的な権利と責任について理解している。 **・ワークシート** **・行動観察**		①消費者被害，消費者の権利と責任について課題の解決に主体的に取り組もうとしている。 **・ワークシート** **・行動観察** **・ポートフォリオ**

	〔3〕 5（本時）	**○自立した消費者として自分たちができることを考え，「エコ実践プロジェクト」の計画を工夫することができる。** ・題材のはじめに設定した課題を確認する。 ・自立した消費者として社会や環境のために自分ができる消費行動について考え，「エコ実践プロジェクト」の計画を立てる。 ・ペアで計画を発表し合い，アドバイスにより見直す。		②自立した消費者としての消費行動について考え，「エコ実践プロジェクト」の計画を工夫している。 **・実践計画**	②よりよい消費生活の実現に向けて，消費者被害，消費者の権利と責任について，課題解決に向けた一連の活動を振り返って改善しようとしている。 **・ポートフォリオ**
課題解決に向けた実践活動	家庭での実践				
実践活動の評価・改善	6・7	**○「エコ実践プロジェクト」の家庭実践をレポートにまとめて，発表し，評価したり，改善したりすることができる。** ・家庭実践をもとにレポートを作成し，グループで発表する。 ・実践や提言について評価し合い，付箋などを用いて改善策を話し合う。 ・「持続可能な社会の構築」などの観点から実践したことを振り返り，今後の自分や家族の消費生活について考える。		④「エコ実践プロジェクト」についての課題解決へ向けた一連の活動について考察したことを論理的に表現している。 **・レポート** ③「エコ実践プロジェクト」について，実践を評価したり，改善したりしている。 **・レポート**	③よりよい消費生活の実現に向けて，消費者被害，消費者の権利と責任について工夫し創造し，実践しようとしている。 **・ポートフォリオ**

3 「主体的に学習に取り組む態度」の評価の実際

この題材では，売買契約の仕組みや消費者被害，消費者の権利と責任，自分や家族の消費生活が環境や社会に及ぼす影響に関する知識を身に付けたり，「エコ実践プロジェクト」について課題を設定し，計画を工夫したり，実践を評価・改善したりする際に，粘り強く取り組んでいるか，それらに関する学習の進め方について振り返るなど，自らの学習を調整しようとしているかについて評価します。さらに，よりよい生活の実現に向けて，「持続可能な社会の構築」の視点から，自分や家族の消費行動について工夫し創造し，「エコ実践プロジェクト」を実践しようとしているかなどについて評価します。

3・4時間目の評価規準①については，ワークシートやポートフォリオの記述内容や行動観察から評価します。例えば，3時間目の消費者被害とその背景についての基礎的・基本的な知識を身に付ける場面で，配付された様々な相談事例を注意深く読み，関連する事項について友達に尋ねたり，教科書やヒントカードを繰り返し見たりして，未然に被害を防ぐための方法や，被害にあった場合の行動について，理解しようとしている場合を，「おおむね満足できる」状況（B）と判断しています。その際，「努力を要する」状況（C）と判断される生徒に対しては，インターネット通販などの具体的な事例を挙げ，どのように行動すれば被害にあわないか，友達の意見を参考にしたり，消費生活アドバイザーの話を思い出したりするように促すことが考えられます。また，自分のことだけではなく，高齢の家族や働いている家族などの立場に立ち，新聞記事や動画などの様々な資料を繰り返し見たり，自ら調べたりしている場合を，「十分満足できる」状況（A）と判断することが考えられます。

■ワークシートの一部

※「おおむね満足できる」状況（B）と判断した生徒の具体的な例

3　振り返りましょう
今日は様々な相談事例から売買契約の仕組みや消費者被害について学習しました。学習して分かったことを振り返り，分かるようになるまでにどのように取り組んだか書きましょう。

今日の学習でいろいろな消費者被害の種類や手口があることが分かった。トラブルを未然に防ぐ方法が具体的にあまり思い浮かばなかったので，教科書や，配られた資料を見て，具体的にどんな風に断ればいいか友達と相談した。はっきりと大きな声で「いりません」と言わないといけないことが分かった。 **態①**

5時間目の評価規準②については，ポートフォリオの記述内容から評価します。例えば，ペアでの話し合いを生かし，計画を振り返る場面の詳細については，本時の展開例に示しています。なお，評価規準①と②の学びの姿は，相互に関わり合いながら立ち現れることに留意する必要があります。

7時間目の評価規準③については，ポートフォリオの記述内容やレポートから評価します。実践を振り返る場面では，これまでの学習を振り返り，家庭で実践したことを生かし，次の実践に取り組もうとしている場合を，「おおむね満足できる」状況（B）と判断しています。その際，「努力を要する」状況（C）と判断される生徒に対しては，家庭実践について詳しく説明したり，実践した結果うまくいかなかったことなどを思い出したりするように促すことが考えられます。また，新たな課題を見付け，これから取り組もうとしている実践についても具体的に記述している場合を，「十分満足できる」状況（A）と判断することが考えられます。

■ポートフォリオの一部

学習の足あと

【題材を貫く課題】あなたはどんな消費者になりたいかな？

		○できたこと △できなかったこと	できるようになるまで取り組んだこと	次に生かしたいこと 感想
1・2	消費生活が環境や社会に及ぼす影響 （課題発見）			
3・4	売買契約の仕組みと消費者被害		態①	
	消費者の基本的な権利と責任			
5	エコ実践プロジェクト計画書	態②		
6・7	よりよい消費生活に向けて （レポート）			
	よりよい消費生活に向けて （発表）			

☆学習を振り返って☆

あなたやあなたの家族にとって「よりよい消費生活」とはどのようなことですか。学習をする前と後を比べ，分かったことや感じたことなどを書きましょう。また，これからの生活に生かしたいことを書きましょう。

態③

私にとってのよりよい消費生活とは……ということです。契約については……，権利と責任については……ということが分かりました。
エコ実践プロジェクトでは，エコロジーでエコノミーな買物について考えて実践しました。最初は自分の損得のことばかり考えていましたが，学習していくにつれて，家族がいつも使ったり，食べたり，着たりしている，ものやサービスの背景を意識して，普段の買物をすることが大切なのだと思いました。今回は，衝動買いをなくすために買物リストを作ったり，表示やマークを見て購入するなどの買物実践をしましたが，これからも続けて実践していきたいと思います。 態③

※「十分満足できる」状況（A）と判断した生徒の具体的な例

私にとってのよりよい消費生活とは……ということです。……（中略）……今回は，衝動買いをなくすために買物リストを作ったり表示やマークを見て購入するなどの買物実践をしましたが，ほかにも，家に同じようなものがないかを購入する前に確認したり，購入するときは本当に必要なのかをよく考えたり，使った後はどうするのか，廃棄するならどのように分別して捨てるのかなどを，購入する前に考えるなど，自分ができることをこれからも実践していきたいです。

4 本時の展開例（5／7時間）

❶ 小題材名

実践しよう　私たちのよりよい消費生活

❷ 本時のねらい

自立した消費者として自分たちができることを考え，「エコ実践プロジェクト」の計画を工夫することができる。

❸ 学習活動と評価

時間	学習活動（下線は ICT 活用場面）	指導上の留意点	評価場面・評価方法
（分） 5	1．本時の学習課題を確認する。 「エコ実践プロジェクト」の計画を工夫しよう 〈実践課題の例〉 ・私の買物実践プラン　　など	・題材のはじめに設定した課題について，「持続可能な社会の構築」の視点から解決方法を考え計画を立てることを確認する。	
20	2．自立した消費者として社会や環境のために自分ができる消費行動について考え，「エコ実践プロジェクト」の計画を立てる。 〈計画の項目例〉 ・テーマ ・実践期間 ・実践場所 ・準備物 ・手順や方法 ・優先順位　　など	・前時までの学習を振り返り，自分の消費行動がどのように社会や環境に影響を与えているか具体的に考え，実践活動が想起できるよう促す。 ・計画を確認するときのポイントを明確にする。 ○既習事項 ・消費者の基本的な権利と責任との関連 ・社会や環境への影響 ○他教科等の内容との関連 ○自分の生活経験 ○実践の継続性	[思②] 「エコ実践プロジェクトの計画を立てる場面 ・実践計画 [態②] ペアでの話し合いを生かし，計画を見直す場面 ・ポートフォリオ
20	3．ペアで計画を発表し合い，アドバイスにより計画を見直す。		
5	4．本時の学習をまとめ，家庭実践について確認する。	・実践への意欲につなげるように声掛けをする。	

❹ 学習評価の工夫

本時の**「思考・判断・表現」の評価規準②**については，「エコ実践プロジェクト」の計画を立てる場面において，実践計画の記述内容や行動観察から評価します。例えば，生徒Ｋは，修学旅行に必要なものの購入に向け，自分の消費生活の課題を踏まえ，学習したことを生かして手順や方法を考え，計画を工夫していることから，「おおむね満足できる」状況（Ｂ）と判断しました。その際，「努力を要する」状況（Ｃ）と判断される生徒に対しては，計画を立てるためのヒントカードを見せて，具体的に計画できるよう促したり，計画の手順や方法の例を示したりして個に応じて指導したりします。また，自分の消費生活の課題だけではなく，新たな課題を見付け，他教科等で学習したことを生かして具体的な実践方法を考え，計画を工夫している場合を，「十分満足できる」状況（Ａ）と判断することが考えられます。

■実践計画の一部　生徒Ｋ　※「おおむね満足できる」状況（Ｂ）と判断した生徒の具体的な例

「エコ実践プロジェクト」計画書

1　課題の設定　自分や家族の生活を見つめなおして課題（テーマ）を設定しましょう。

「私の買物実践プラン……修学旅行のためのエコな買物をしよう」
自分の買物を見直すと，衝動買いがとても多く，経済的にも環境にも無駄が多いと気付きました。
……～（省略）～……

2　実践計画

1　購入する物を決める
・衝動買いを防ぐために本当に必要だと思うものをリスト化し，予算を立てる。
　→Ｔシャツ１枚，靴下２足，携帯用洗面用具
2　情報を収集する
・リスト化した物の値段や品質をチラシやカタログで調べてメモをしておく。
・どこで買うか，支払い方法はどうするか検討する。
3　準備物
・チラシなど　・メモ帳　・買物リスト
4　実行
・表示やマークを確認してできるだけエコな商品を選ぶ。
・レジ袋は買わないようにする。
思②

（友達からもらった付箋）
家族に協力者がいたらいいと思う
過剰包装なども考えるといいと思う
〈考えたこと〉
○家族と買物に行くことも多いので，母にも相談してみる。
○エコバッグを必ず持っていくようにする。
○商品の包装が必要以上でないか確認し，必要のない景品やおまけなどはもらわないようにする。
○家にあるもので代替できないかもう一度確認する。

「主体的に学習に取り組む態度」の評価規準②については，ペアで計画を発表し合い，自分の計画を振り返る場面において，ポートフォリオの記述から評価します。生徒Ｋは，自分の計画を振り返って，過剰包装のことまで考えることができたが，どのような表示やマークのついた商品がよいのか分からなかったと自己評価し，調べて計画を工夫しようとしていることから，

「おおむね満足できる」状況（B）と判断しました。その際，「努力を要する」状況（C）と判断される生徒については，他の生徒の計画を参考にしたり，もう一度ヒントカードを見直したりするよう促したり，家族や友達と一緒にできる実践はないかと問いかけたりして，具体的な取組につなげることができるよう配慮します。また，自分の計画を振り返って，自己評価し，新たな課題についても実践方法を考え，計画を工夫しようとしている様子を具体的に記述している場合を，「十分満足できる」状況（A）と判断することが考えられます。

■ポートフォリオの一部　生徒K

5	エコ実践プロジェクト計画書	○友達のアドバイスを参考に，過剰包装やエコバッグについて計画を改善することができた。必要のないレジ袋やおまけは購入したりもらったりしないようにしたい。 △どんな表示やマークがエコな商品につながるかあまり分からなかったので，教科書で調べて，エコな買い物ができるようにしたい。　態②

※「十分満足できる」状況（A）と判断した具体的な例

○友達のアドバイスを参考に，過剰包装やエコバッグについて計画を改善することができた　……省略……
△……インターネットで調べるとグリーンマークがついている商品や詰め替え商品はエコにつながることが分かったので，そのような商品を選べるようにしたい。ほかにもエコにつながる商品にはどのようなものがあるか調べたり，家族に聞いてみたりしたいと思う。

（合田　紅花）

【執筆者一覧】（執筆順，所属は執筆時）

鈴木　明子	広島大学大学院人間社会科学研究科教授
杉山久仁子	横浜国立大学教育学部教授
筒井　恭子	元文部科学省初等中等教育局教育課程課　教科調査官 元国立教育政策研究所教育課程研究センター研究開発部　教育課程調査官
福家亜希子	香川県高松市立桜町中学校
市川　朋子	愛媛県大洲市立大洲北中学校
山口　美紀	佐賀県佐賀市立昭栄中学校
迎　　寿美	千葉県千葉市立葛城中学校
高松　幸織	大阪市教育委員会事務局指導部　総括指導主事
海野　功子	神奈川県横須賀市立神明中学校教頭
中村奈緒美	石川県加賀市立山代中学校
有友　愛子	お茶の水女子大学附属中学校
粟田　佳代	熊本市教育センター指導主事
合田　紅花	鳴門教育大学附属中学校

【編著者紹介】

杉山　久仁子（すぎやま　くにこ）

横浜国立大学教育学部卒業，横浜国立大学大学院教育学研究科修士課程修了，東京大学大学院農学研究科修了（農学博士）。関東学院女子短期大学講師，横浜国立大学教育人間科学部助教授を経て，平成22年より現職。平成29年中学校学習指導要領の改訂，学習評価に関する参考資料（中学校技術・家庭）の作成に関わる。専門は，調理科学，家庭科教育。主な著書は，『平成29年版 中学校新学習指導要領の展開 技術・家庭 家庭分野編』（編著，明治図書，2017年），『NEW 調理と理論』（共著，同文書院，2021年）。

筒井　恭子（つつい　きょうこ）

石川県出身。石川県内の公立中学校・高等学校教諭，小松教育事務所指導主事，公立小学校教頭を経て，平成21年４月から平成31年３月まで文部科学省初等中等教育局教育課程課教科調査官，国立教育政策研究所教育課程研究センター研究開発部教育課程調査官。平成29年中学校学習指導要領の改訂，中学校学習指導要領解説技術・家庭編の編集，学習評価に関する参考資料（中学校技術・家庭）の作成に関わる。主な著書は，『中学校技術・家庭科　家庭分野　１人１台端末を活用した授業づくり』（編著，明治図書，2022年）。

鈴木　明子（すずき　あきこ）

広島大学教育学部卒業，広島大学大学院教育学研究科博士課程前期修了。広島大学教育学部助手，広島大学大学院教育学研究科助教授を経て，平成26年より現職。博士（教育学）（広島大学）。平成29年小学校学習指導要領の改訂，学習評価に関する参考資料（小学校家庭）の作成に関わる。専門は，家庭科教育，人間生活教育。主な著書は，『平成29年版 小学校新学習指導要領の展開 家庭編』（共著，明治図書，2017年），『コンピテンシー・ベイスの家庭科カリキュラム』（編著，東洋館出版社，2019年）。

中学校技術・家庭　家庭分野
「主体的に学習に取り組む態度」の学習評価
完全ガイドブック

2023年６月初版第１刷刊

©編著者　杉山久仁子　筒井恭子　鈴木明子
発行者　藤原光政
発行所　明治図書出版株式会社
http://www.meijitosho.co.jp
（企画）林　知里（校正）西浦実夏
〒114-0023　東京都北区滝野川7-46-1
振替00160-5-151318　電話03(5907)6703
ご注文窓口　電話03(5907)6668

＊検印省略　組版所　長野印刷商工株式会社

Printed in Japan　ISBN978-4-18-239629-8